TRAITÉ PRATIQUE

DES

DOUANES

PAR

M. A. DELANDRE

DEUXIÈME SUPPLÉMENT

Années 1868, 1869, 1870, 1871 et 1872

DISPOSITIONS GÉNÉRALES.

149—3. La promulgation des lois et décrets résulte de leur insertion au *Journal officiel* qui, à cet égard, remplace le Bulletin des lois.

L'insertion au Bulletin des lois des actes non insérés au *Journal officiel* en opérera promulgation. *(Décret du 5 novembre 1870, art. 1er; Circ. du 31 mars 1871, n° 1137.)*

Les lois et décrets sont obligatoires, à Paris, un jour franc après la promulgation, et partout ailleurs, dans l'étendue de chaque arrondissement, un jour franc après que le *Journal officiel*, qui les contient, est parvenu au chef-lieu de cet arrondissement.

Mais le Gouvernement, par une disposition spéciale, peut ordonner, dans la forme déterminée par l'ordonnance du 18 janvier 1817, l'exécution immédiate d'une loi ou d'un décret (1). *(Même Décret, art. 2.)*

Les préfets et sous-préfets prendront les mesures nécessaires pour que les actes législatifs soient imprimés et affichés partout où besoin sera. *(Même Décret, art. 3.)*

---

(1) La loi est alors exécutoire dans tout le département le lendemain du jour où la publication a été faite par le préfet au chef-lieu du département. *(Circ. du 23 janvier 1872, n° 1151.)*

illet
nais
3.)

tion
t, et
s du

enus
ment
sac-

sou-
tion
fé-

pro-
ré-
ents
90.)

sur
à le
pro-

leur,

con-
r au
ive-

gne.
reau
quel
366.)

tions
s, et
n de

d'un
6.)

La date officielle des lois est celle de leur adoption par l'Assemblée nationale. *(Lettre du Ministre de la Justice du 26 septembre 1871.)*

150—5. 1ᵉʳ §, en note. Les marchandises exemptes de droits ont été éliminées du tarif général : elles ne figurent qu'à la table alphabétique. Le tarif conventionnel indique les taxes résultant des traités. Les produits pour lesquels le droit commun ou tarif général, devenu plus favorable, doit être appliqué, sont désignés en italiques. *(Circ. du 5 septembre 1869, nº 1122.)*

151—12. Les marchandises des pays hors d'Europe (1) sont passibles, en France et en Algérie, à leur importation des entrepôts d'Europe, d'une surtaxe d'entrepôt de 3 fr., décimes compris, par 100 kil.

Cette disposition n'est pas applicable aux marchandises que les lois en vigueur assujettissent à une surtaxe plus élevée. *(Loi du 30 janvier 1872, art. 5; Circ. du 4 février suivant, nº 1155.)* (2)

Les franchises ou les *maxima* stipulés en matière de surtaxe d'entrepôt par les traités avec les diverses puissances, l'Espagne exceptée, ne sont pas atteints par cette loi. Ainsi, le coton de l'Inde anglaise, le jute et les laines d'Australie, importés des pays contractants, continuent d'être exempts de la surtaxe. Pour les guanos, elle reste fixée à 1 fr. 80 par 100 kil., d'après l'arrangement international conclu avec le Pérou le 16 janvier 1864. Sur la potasse, le nitrate de potasse et les graisses, surtaxe de 2 fr. 40, et sur les riz, 1 fr. 80, à l'importation des pays contractants, l'Espagne exceptée, en conformité de l'art. 14 du traité franco-belge. *(Circ. nº 1153 et Circ. auto. du 27 mars 1872.)*

152—3 S. 1ᵉʳ §, 3ᵉ ligne. *Aux mots* n'est pas exigible, *substituer ceux-ci :* n'est exigible qu'à l'égard des marchandises de provenance extra-européenne. *(Tableau des droits, 1869.)*

153—14. 8ᵉ §. *Aux deux premières lignes, substituer ceci :* Les navires français et les navires étrangers, quelque route qu'ils aient suivie, peuvent, dans les ports étrangers où ils font escale, en Europe ou non... *(Circ. du 8 juin 1869, nº 1117; Circ. lith. du 6 juillet 1869 et Circ. du 4 août 1871, nº 1145.)*

10ᵉ §, ajouter : *Circ. du 8 juin 1869, nº 1117; Circ. lith. du 6 juillet 1869 et Circ. du 4 août 1871, nº 1145.*

154—4 S. 2ᵉ §, *ajouter :* et produits d'origine extra-européenne. *(Tableau des droits, 1869.)*

8ᵉ §, 6ᵉ ligne, après le mot pavillon, mettre : *appartenant à une même compagnie de transport, en cours de trajet de la ligne principale qu'elle dessert entre la France et l'étranger, et... (Circ. lith. du 17 juin 1869.)*

Note. Dans d'autres conditions de transbordement, le transport direct se trouverait interrompu. Ainsi, des cotons chargés aux Etats-Unis sur un navire à vapeur anglais en partance pour l'Angleterre, où ils seraient transbordés sur un autre steamer quelconque à destination de France, seraient traités comme étant importés d'Angleterre et soumis à la surtaxe d'entrepôt. *(Circ. lith. du 17 juin 1869.)*

---

(1) Même les marchandises exemptes de droits ou taxées d'après une unité autre que le poids. *(Circ. nº 1155.)*

(2) La Circ. nº 1153 donne la nomenclature de ces marchandises.

155—15. 2ᵉ §. Les marchandises (1) importées en France ou en Algérie, par navires étrangers, sont passibles d'une surtaxe de pavillon, par 100 kil., savoir :

Des pays d'Europe et du bassin de la Méditerranée (2). . » 75 c., décimes compris.

Des pays hors d'Europe, en deçà des caps Horn et de
Bonne-Espérance. 1 50

Des pays au-delà de ces caps. . . . . 2 »

(*Loi du 30 janvier 1872. art. 1; Circ. du 4 février suivant, nº 1153*) (3).

Cette surtaxe s'applique à toutes les marchandises, sans distinction de celles qui sont admissibles en franchise ou qui sont taxées d'après une unité autre que le poids.

Elle s'ajoute à la surtaxe spéciale afférente aux marchandises importées des entrepôts ou d'ailleurs que du pays de production. V. nº 12. (*Circ. nº 1153.*)

Cette disposition ne porte pas atteinte aux immunités inscrites dans les traités de commerce ou de navigation avec les diverses puissances. Il y a lieu, en conséquence, d'affranchir de la surtaxe :

1º Dans la navigation directe, les produits de toute origine importés directement du pays auquel le navire appartient, par les navires de l'Angleterre (4), du Chili, du Danemark, de l'Espagne (5), des Etats-Unis, ou de la Russie; et les produits originaires et directement importés du pays auquel le navire appartient, en ce qui concerne les autres pays contractants (*Circ. nº 1153, et Circ. auto. du 11 mars 1872*);

2º A l'importation de tous pays quelconques, les navires de l'Autriche, de la Belgique, des Pays-Bas, de l'Italie, du Portugal, de la Suède et Norwége, et de l'Allemagne.

Quant à l'Angleterre, l'exemption n'est acquise, à titre général, qu'à l'intercourse directe entre la France et le Royaume-Uni. Toutefois, conformément au traité, la surtaxe n'est pas applicable au coton de l'Inde anglaise, au jute et à la laine d'Australie importés des pays de production par navires anglais. (*Circ. nº 1153.*)

156—25. Le service doit exiger le prix du timbre administratif des acquits de paiement des droits, lors même que les redevables refusent de prendre ces quittances. (*Circ. man. du 21 mars 1872.*)

157—25 *bis.* Est passible d'un timbre spécial et mobile de 10 cent., tout titre libératoire, soit reçu ou décharge, signé ou non signé (6), soit quittance au-

---

(1) Il y a exemption, quelle que soit la nationalité du navire importateur, pour le guano (*Loi du 30 janvier 1872*); le borax brut ou mi-raffiné, originaire et directement importé du Pérou (*Circ. nº 1153*), et les produits des colonies ou possessions françaises, y compris l'Algérie, importés directement (*même Circ. et Circ. auto. du 11 mars 1872*).

(2) Le bassin de la Méditerranée s'étend depuis et y compris Gibraltar jusqu'à la mer Noire inclusivement. (*Circ. nº 1153.*)

(3) Cette surtaxe remplace toute surtaxe de même nature à l'importation, soit des pays contractants, soit des autres pays. (*Circ. lith. du 25 mai 1872.*)

(4) Les importations des possessions britanniques en Europe sont assimilées aux importations du Royaume-Uni. (*Circ. auto. du 11 mars 1872.*)

(5) Les importations des îles Baléares et des îles Canaries sont assimilées aux importations de l'Espagne continentale. (*Circ. du 6 mars 1872, nº 1154.*)

(6) Quelle que soit la valeur de l'objet. (*Circ. man. des 30 avril et 20 novembre 1872.*) Sont passibles du timbre de 10 cent., les reçus d'objets, à l'entrée ou à la sortie des magasins de dépôt de la douane (*Circ. autog. du 27 décembre 1871*); tout certificat de décharge des acquits-à-caution : le droit est payé par le soumissionnaire,

dessus de 10 fr. (1). *(Loi du 23 août 1871, art. 18.)*

Ce timbre mobile est collé sur le titre et immédiatement oblitéré par l'inscription à l'encre noire, en travers du timbre, de la date et de la signature de la personne qui donne reçu ou quittance (outre la signature à la suite de l'acte). *(Règl. du 27 novembre 1871, art. 2; Circ. de la compt. du 1ᵉʳ décembre 1871, nᵒ 99.)*

Sont exempts de ce timbre spécial : 1ᵒ les quittances de 10 fr. et au-dessous, quand il ne s'agit pas d'un à-compte ou d'une quittance finale sur plus forte somme (2) *(Loi du 25 août 1871, art. 20)*; 2ᵒ les quittances et formules ayant un timbre administratif, *V.* nᵒ 25 (3) *(Mêmes loi et article)*; 3ᵒ les acquits, quittances et reçus délivrés par des comptables des régies financières à d'autres comptables de ces régies, soit pour des opérations de trésorerie, soit à l'occasion de l'entrée ou de la sortie des magasins de l'État : il s'agit là de mesure d'ordre intérieur et de simple formalité administrative *(Circ. de la compt. du 1ᵉʳ décembre 1871, nᵒ 99, et Circ. man. du 4 mars 1872)*; 4ᵒ les quittances de droits sanitaires, comme se rapportant à la police générale. *(Circ. man. du 12 septembre 1872.)*

Toute pièce constituant titre à créance reste soumise au timbre de dimension (4), *V.* nᵒˢ 223 et 1017, de sorte que les mémoires revêtus d'un acquit se trouvent assujettis d'abord au timbre de dimension, et lors du paiement, au timbre spécial de 10 cent. *(Circ. autog. du 27 décembre 1871 et Circ. man. du 16 avril 1872.)*

---

ou à défaut par la caution, au bureau d'où émane l'acquit-à-caution (pour faciliter le recouvrement, au moment où l'acquit est délivré) *(Circ. man. du 25 mars 1872)*; les acquits-à-caution portant décompte ou attestation de paiement (bien que non quittancé) des frais dus aux compagnies de transport. *(Circ. man. du 7 février 1872.)*

(1) *V.* l'article concernant les exemptions. Sont soumises au timbre spécial de 10 cent. les quittances d'appointements, de loyer ou de frais de chauffage et d'éclairage; secours, remboursements de masse, simples paiements à des tiers. *(Circ. man. du 16 avril 1872.)*

Pour les paiements avec quittance par émargement sur rôles ou états collectifs, on inscrit à l'encre rouge, en regard de chaque émargement, un numéro d'ordre, et devant chaque case non émargée un double trait; le receveur principal certifie, au pied des rôles ou états, s'être chargé en recette, au chapitre des recouvrements pour des tiers, de la somme de..., représentant la perception de la taxe de 10 cent., pour (tel nombre de) timbres; à la fin de chaque mois, ce comptable verse au bureau de l'enregistrement de la résidence le montant des droits pour l'ensemble de sa principalité. *(Circ. de la compt. du 1ᵉʳ décembre 1871, nᵒ 99, et Circ. autog. du 27 décembre 1871.)*

Les quittances des agents qui n'ont pas émargé aux rôles ou états reçoivent un timbre mobile. *(Circ. autog. du 27 décembre 1871.)*

La quittance simple n'est assujettie qu'au timbre spécial de 10 cent.; produite sur papier à timbre de dimension, elle peut être admise sans timbre mobile. *(Circ. autog. du 27 décembre 1871 et Circ. man. du 16 avril 1872.)*

(2) Lorsque dans des dispositions concernant une année, il y a stipulation de payer 10 fr. par mois ou par trimestre, le paiement ne forme pas un à-compte.

(3) Cette exemption ne s'étend pas aux formules relatives à la reconnaissance d'un droit à une décharge; par exemple : aux quittances d'escompte et aux quittances de consignation de droits. *(Circ. autog. du 27 décembre 1871.)*

Si le droit de statistique applicable à une même déclaration dépasse la somme de 10 fr., le bulletin relatant l'acquittement doit être revêtu du timbre mobile. *(Circ. man. du 28 juin 1872.)*

(4) Il en est de même des certificats d'origine des marchandises à produire en douane. *(Circ. man. du 18 novembre 1871.)*

La contravention à la loi sur le timbre spécial, passible d'une amende de 50 fr., peut être constatée par les agents des douanes *(Loi du 25 août 1871, art. 25)* ; les procès-verbaux sont remis, avec les pièces saisies, au receveur de l'enregistrement, chargé des poursuites. Un quart des amendes recouvrées est attribué aux verbalisants. *(Circ. de la compt. du 1er décembre 1871, n° 99.)*

158—31. P. 51, 10ᵉ §, *ajouter : V.* n° 183 S.

P. 54. Le tableau de répartition annuelle de l'indemnité de résidence représentative de la taxe de plombage doit être adressé par les directeurs à l'administration, 2ᵉ division, 1ᵉʳ bureau, pour le 15 janvier. *(Circ. man. du 18 décembre 1868.)*

159—37. Les procès-verbaux, soumissions contentieuses ou actes conservatoires doivent mentionner le numéro, les marques des paquets d'échantillons, ainsi que le cachet dont ceux-ci sont revêtus, et reproduire en marge ce cachet.

On ne doit pas réunir sous une même enveloppe des échantillons se rapportant à plusieurs procès-verbaux ou actes conservatoires. Il faut un paquet distinct pour chaque affaire.

Le paquet renfermant l'échantillon destiné aux experts doit être fermé et revêtu du cachet de la douane et de celui du déclarant. Le service s'assure que les cachets ressortent nettement. Chaque paquet doit porter, sur une étiquette, l'indication du bureau où l'affaire a pris naissance et la date de l'acte conservatoire ou procès-verbal. Enfin, sur l'enveloppe extérieure on a soin de rappeler le numéro de la lettre d'envoi et la nature du produit. *(Circ. lith. du 9 novembre 1871.)*

On doit prélever sur les cotons en laine une balle entière *(Circ. auto. du 21 juin 1870)* ; sur les huiles végétales, 1 litre ; sur les chocolats, 300 grammes. *(Circ. man. du 16 décembre 1872.)*

9 S, 1ʳᵉ ligne, *Ajouter :* c'est-à-dire les balles, caisses ou futailles de grande dimension. *(Circ. lith. du 9 novembre 1871.)*

160—40. 1ᵉʳ §. *Rayer la note 1*, par suite d'une déc. du 29 juillet 1871.

161—42. 2ᵉ §, note. *Rayer cette note*, le service des contributions indirectes étant séparé de celui des douanes. *(Circ. du 25 mars 1869, n° 1114.)*

162—45. P. 68, *ajouter :* 4ᵉ bureau : sels et pêches ; primes. P. 69, 3ᵉ bureau : retraites et cautionnements. P. 70, *rayer*, sauf les 2 derniers §§. P. 71, *après le dernier §, mettre :* Les divers agents doivent s'attacher à éviter tout retard et toute lenteur dans leurs rapports avec le service et avec le commerce. Le travail doit être tenu au courant jour par jour. *(Circ. lith. du 15 novembre 1871.)*

Dans la correspondance avec l'administration ou entre les chefs, il faut expédier, en double expédition, sur des feuilles doubles et uniformes, d'après le modèle suivant (hauteur 28 centimètres, largeur 22), les lettres comportant réponse. L'une des expéditions est conservée dans les archives du destinataire ; l'autre est renvoyée revêtue des observations ou de la décision. *(Même Circ. lith.)*

ᵉ DIVISION. — ᵉ BUREAU.	DIRECTION de	OBJET : —
EXPOSÉ DU		RÉPONSE DU
N° ..... le 187 .		N° ..... le 187 .

163 — 48. P. 74, 9ᵉ §. Il faut indiquer les motifs pour lesquels un agent a été puni ou descendu à une classe inférieure (*Déc. du 5 février 1873*) et si les fils de préposés nommés matelots à demi-solde à l'âge de 16 ans, V. nᵒ 60, offrent toutes les conditions pour prendre une part réelle et active au service des embarcations.

P. 76, 8ᵉ § à 11ᵉ, *rayer.* Les rapports généraux de service sont produits par trimestre, en avril pour la première période, etc. (*Circ. man. du 27 septembre 1871.*)

P. 78. *Rayer le dernier §.*

164 — 57. P. 97, avant-dernier §. Les surnuméraires doivent faire leur stage dans les douanes principales ou dans les bureaux subordonnés dont le personnel serait reconnu trop faible. Sous le contrôle de l'inspecteur, le comptable doit s'attacher à les initier aux diverses parties du service, notamment la comptabilité. (*Circ. lith. du 13 novembre 1871.*)

P. 98, 1ᵉʳ §, *ajouter :* Sˡᵉ O, nᵒ 67. (*Circ. man. du 30 novembre 1871.*)

165 — 59. 6ᵉ §, 3ᵉ ligne, etc. 1,100 et 1,050 fr. ; 1,000 et 950 fr ; 900 et 850 fr. (*Circ. man. du 25 avril 1872.*)

Les préposés, sous-brigadiers et brigadiers emballeurs sont assimilés aux préposés, etc., de 1ʳᵉ classe. (*Circ man. du 25 avril 1872.*)

Les indemnités temporaires, accordées comme secours aux agents inférieurs des brigades, sont payées mensuellement après émargement sur des formules modifiées, relatives aux indemnités de résidence : elles sont affranchies de la retenue pour la caisse des retraites. *V.* nᵒ 81. (*Règ. sur la compt. du 26 décembre 1866, art. 67, et Circ. man. du 1ᵉʳ août 1871.*) V. nᵒ 224.

L'agent qui, dans le cours d'un mois, est révoqué ou donne sa démission pour n'importe quel motif, est privé des secours alloués exceptionnellement par une mesure générale. *V.* nᵒ 59. (*Circ. man. du 20 mars 1868.*)

Les sommes qui deviennent disponibles sur les secours dont la distribution individuelle est arrêtée, doivent être mises en réserve ; à la fin de l'année, le directeur en fait connaître le montant à l'administration. (*Circ. man. du 5 avril 1868.*)

8ᵉ §. Le préposé d'ordonnance ne peut être maintenu près des inspecteurs divisionnaires qui, vu la nature des localités, croiraient pouvoir ne pas se faire escorter dans leurs tournées. (*Circ. man. du 22 novembre 1872.*) V. nᵒ 168 S.

9ᵉ §, 2ᵉ ligne. 1,600 et 1,400 ou 1,200 fr. (*Circ. man. du 25 avril 1872.*)

Dernier §, 3ᵉ ligne. *Après* signalement, *mettre :* de services, série O, nᵒ 67. *Ajouter :* et au service général, une formule série O, nᵒ 67. (*Circ. man. du 30 novembre 1871.*)

166 — 60. 2ᵉ §. Les fils de lieutenant ou de capitaine ne peuvent être admis à demi-solde que sur l'autorisation spéciale de l'administration. (*Déc. du 21 avril 1869.*)

4ᵉ §. Les hommes qui n'ont pas servi pendant plus d'un an sous les drapeaux et qui n'ont pas encore 25 ans, peuvent entrer dans les brigades quand le commandant de recrutement certifie qu'ils ont satisfait aux obligations de l'instruction militaire.

Tout homme ayant moins de 25 ans et appartenant à l'inscription maritime ne peut être admis qu'en justifiant, par certificat de l'autorité maritime, qu'il a renoncé à la profession de marin et, par certificat du maire ou du sous-préfet, que son numéro au tirage n'a pas été compris dans le contingent.

Quant aux matelots de l'État, âgés de moins de 29 ans, même avec un congé renouvelable ou illimité, ils ne peuvent, si leur classe n'a pas encore été libérée définitivement, être reçus qu'après la production d'un certificat constatant que leur numéro au tirage n'a pas fait partie du contingent.

P. 100, 10ᵉ §, 2ᵉ ligne et 10ᵉ ligne. *Ajouter :* Caporaux ou brigadiers et même soldats réunissant les conditions d'instruction et d'aptitude nécessaires. *(Circ. lith. du 5 avril 1870.)*

167 — 15 S. Les retenues pour le casernement et pour le service de santé, *V.* n°ˢ 71 et 73, s'appliquent au revenu de l'emploi (traitement fixe et indemnité de résidence et de tournées), abstraction faite des personnes et que l'officier soit ou non en interruption de service, de sorte que l'intérimaire n'a droit qu'à une somme nette, après les prélèvements réglementaires. *(Circ. man. du 5 février 1870.)*

168 — 65. P. 116, 7ᵉ §. Les deux plantons sont, autant que possible, choisis parmi les proposés que leur âge ou leur état de santé rendent peu propres aux fatigues du service et alternent pour les courses extérieures. *(Circ. man. du 22 novembre 1872.)*

9ᵉ §, 2ᵉ ligne, *après* principaux, *mettre :* de 1ʳᵉ et de 2ᵉ classe. *(Circ. man. du 22 novembre 1872.)*

10ᵉ §, 1ʳᵉ ligne, *ajouter :* des frontières de terre.

Sous aucun prétexte, les proposés d'ordonnance, *V.* n° 59, et les plantons, *V.* n° 65, ne doivent porter un costume de nature à rappeler, à un degré quelconque, la livrée des gens de service. *(Circ. man. du 22 novembre 1872.)*

169 — 70. Art. 22, 3ᵉ §. Le procès-verbal de la réunion du Conseil est divisé en deux parties : examen des opérations de masse; questions, par paragraphes distincts, sur lesquelles on a délibéré, en quatre chapitres : habillement et équipement, armement, casernement, service de santé. Copie de ce procès-verbal est adressée à l'administration, en double expédition, à mi-marge. *(Circ. man. du 22 février 1872.)*

Sur les états relatifs au casernement et au service de santé, on doit indiquer quel est le taux de la retenue tant p. 0/0 du montant des appointements et des indemnités de résidence, en suivant une proportion descendante. *(Circ. man. du 16 juillet 1871.)*

Art. 32. Les livrets sont demandés au directeur des Douanes à Paris. Dès la réception, le prix, à raison de 30 cent. l'exemplaire, en est transféré dans la caisse du receveur principal à Paris. La distribution en est faite à 30 cent., sans qu'il y ait de plus-value. *(Circ. man. du 10 décembre 1869.)*

Art. 55, 1ᵉʳ §. Les objets d'armement, d'habillement et d'équipement perdus ou détériorés dans l'exécution d'un service commandé ou dans l'accomplissement d'un acte de dévouement, sont remplacés ou réparés aux frais du matériel, après autorisation de l'administration. *(Circ. man. du 26 mars 1870.)*

Quel que soit le montant de la dépense, les fournitures de registres et impressions pour le service des masses ne doivent être faites que sur l'autorisation préalable de l'administration. *(Circ. man. du 28 mars 1872.)*

Art. 56. Toute demande de secours, soit sur la masse, soit sur le fonds spécial, doit être adressée à l'Administration sur une formule F M, série O, n° 243, en double expédition *(Circ. man. du 19 septembre 1871)*, et indiquer le nom de l'agent, ses prénoms, la brigade et la capitainerie, la durée de ses services *(Circ. man. du 21 avril 1868)*, s'il a déjà reçu des allocations de l'espèce, le chiffre de chacune d'elles et la date de la dernière. *(Circ. man. du 21 juin 1871.)*

Un secours ne pourrait être renouvelé qu'après une année révolue. *(Déc. du 28 août 1872.)*

170 — 71. Pour les fournitures de casernement d'une direction, il faut traiter directement avec les fabricants et adopter des types uniques, afin de pouvoir, au besoin, transférer d'un poste à un autre, sans frais d'appropriation, les objets sans emploi. Les couvertures en laine grise sont préférables aux vertes. *(Déc. du 13 juillet 1869.)*

Les terrains destinés à servir de jardins pour les agents casernés ne peuvent être loués au compte de la masse. *(Circ. man. du 14 août 1869.)*

171—71 et 73. L'indemnité de résidence allouée aux agents des brigades doit, comme le traitement fixe, subir les retenues pour le casernement et pour le service de santé. *(Circ. man. du 5 février 1870.)*

172—76. P. 137, 1er §. Il ne faut présenter pour la lieutenance que les brigadiers doués de l'activité physique et des qualités de commandement nécessaires, en réservant pour les emplois de bureau les brigadiers moins valides ou moins propres à l'exercice de l'autorité. *(Circ. lith. du 15 novembre 1871.)*

173—80. Le concours prêté aux agents des Contributions indirectes, pour la répression des fraudes concernant le mouvement des boissons, les tabacs, les poudres, est d'autant plus nécessaire que les abus prennent de l'extension par suite de l'élévation des taxes. *(Circ. man. du 22 mai 1872.)*

174—20 S. La Société centrale de sauvetage est informée des sinistres maritimes, aussitôt qu'ils se produisent, au moyen d'un état spécial produit par les capitaines et adressé par le directeur à l'administration (service général) en double expédition. *(Circ. man. du 27 avril 1872.)*

Dans leurs rapports généraux, les inspecteurs certifient de l'exécution des prescriptions relatives au service de sauvetage. *(Circ. man. des 19 décembre 1868, 10 avril 1869 et 5 février 1870.)*

175—86. Note 1. Avec les pièces de nature à motiver la concession d'une pension exceptionnelle (en cas de mort inexpliquée, une copie certifiée de l'enquête judiciaire ou, à défaut, une déclaration du juge de paix attestant que toute idée de suicide doit être écartée), le directeur adresse à l'administration un rapport spécial discutant avec soin les circonstances signalées. L'administration apprécie et demande alors, s'il y a lieu, le dossier de liquidation. *(Déc. du 5 mai 1870.)* V. nos 87 et 91.

176—87. 1er §. Quand il y a impossibilité de produire l'acte de naissance, on y supplée soit par une ampliation de l'acte de mariage, si la date et le lieu de la naissance y sont indiqués, soit par un acte de notoriété dressé par le juge de paix, sur l'attestation de témoins. *(Déc. du 17 avril 1872.)*

177—91. S'il s'agit d'agents à la nomination de l'administration, notamment des officiers, adresser le titre militaire avec la proposition de mise à la retraite. *(Déc. du 20 juillet 1871.)*

178—22 S. 1er §, 4e ligne, *ajouter :* ou aux veuves et orphelins d'agents morts en activité de services. *(Circ. de la compt. du 25 janvier 1868, n° 91.)*

179—99. *Rayer les 15 premiers §§*, le décret du 19 septembre 1870 ayant abrogé l'art. 75 de l'acte du 22 frimaire an VIII.

Est exempt de toute inculpation l'agent qui peut justifier avoir agi par ordre de ses chefs et en restant dans les conditions légales de l'obéissance hiérarchique, *(Code pénal, art. 114 et 190)* ; autrement, il pourrait s'ouvrir, devant le tribunal civil, une action en indemnité ou dommages-intérêts.

180—100. P. 163, 2ᵉ §, *ajouter* : au moyen d'un poinçon à froid, sur le bois de la crosse. 5ᵉ §, *ajouter* : *et Circ. auto. du 23 mars 1872.*

Rayer les §§ 6, 8 et 9.

Tout nouvel admis doit verser à la masse la somme de 24 fr. comme garantie de la carabine *(Snider)* et du sabre-baïonnette qui lui seront remis. Il n'y a pas de plus-value.

Les agents en activité de service en 1872, lors du réarmement général, ont, au lieu de ce versement, subi un prélèvement sur leur actif de masse de 14 ou de 10 fr., selon qu'ils comptaient 15 ans de douane ou plus.

Le préposé sortant des cadres doit remettre ses armes en parfait état d'entretien. Les réparations dont elles auraient besoin sont effectuées à sa charge, et la somme reçue en garantie, ordonnancée en totalité, ne lui est remboursée que déduction faite du coût de ces frais. Dans le cas où cette somme serait insuffisante, on prélèvera le complément sur sa masse.

Quand l'agent change de direction, il laisse ses armes dont le prix est inscrit à son compte de masse. Il est réarmé, dans sa nouvelle direction, moyennant l'imputation sur sa masse, par l'inscription sur l'état série E, modèle C, d'une somme égale à celle qu'il avait fournie lors de son armement.

A partir du 1ᵉʳ janvier 1875, les carabines reprises aux agents (avec les sabres-baïonnettes), supporteront, outre les frais de réparation, une dépréciation de 2 fr., retenue, soit sur le versement en garantie, soit sur l'actif individuel.

Dans les bureaux de direction et dans chaque capitainerie, un registre d'armement indique les noms des agents, la date de la livraison des armes, etc. *(Circ. auto. du 23 mars 1872.)*

Une instruction sur le maniement de la carabine Snider a été remise à chaque officier et à chacun des postes et inscrite sur les inventaires. *(Circ. man. du 16 juillet 1872.)*

Les cartouches métalliques pour carabine Snider sont directement demandées aux directions d'artillerie, par multiple de 6 et à raison de 2 paquets de 6 par agent. Le prix en est payé d'avance sur les fonds de masse à la recette générale, dont le récépissé, énonçant la destination, est envoyé à la direction d'artillerie. Les cartouches sont distribuées au prix de revient, sans plus-value. *(Circ. man. du 1ᵉʳ juillet 1872.)* Ce prix est de 80 fr. le mille. *(Circ. man. du 23 juillet 1872.)*

181—106. 8ᵉ §. *Rayer* : de brigades; *après* admis, *mettre* : dans le même établissement. *(Circ. man. du 27 janvier 1872.)*

Rayer les §§ 10 et 11. A Bourbonne, la première saison s'ouvre le 15 mai, la deuxième le 14 juillet; à Bourbon-l'Archambault, 15 mai, 25 juin, 5 août; à Vichy, 1ᵉʳ mai, 8 juin, 16 juillet, 22 août; à Barèges, 1ᵉʳ juin, 10 juillet, 20 août; à Guagno, mêmes époques; à Amélie-les-Bains, 1ᵉʳ mai, 15 juin, 1ᵉʳ août, 15 septembre, et il y a deux saisons d'hiver : 1ᵉʳ décembre, 1ᵉʳ février; à Plombières, 15 mai, 15 juin, 15 juillet, 15 août, mais les agents civils ne peuvent y être admis que très-exceptionnellement.

Les demandes doivent, pour être transmises au Département de la Guerre, parvenir à l'administration (service général) au plus tard le 20 mars pour la première et la deuxième saison, et le 20 mai pour la troisième et la quatrième saison; le 20 octobre et le 20 décembre pour les saisons d'hiver d'Amélie-les-Bains.

Chaque proposition doit être accompagnée d'un certificat de visite établi sur une formule (modèle A) fournie par l'intendance militaire, énumérant la nature et l'origine de la maladie, ainsi que les traitements antérieurement suivis sans succès et concluant expressément à l'emploi d'une eau thermale qui doit être spécifiée. *(Circ. man. du 27 janvier 1872.)*

Dans le cas où l'agent venant d'un hôpital thermal militaire aurait besoin d'y retourner dans la même année, le Directeur conserve le certificat primitivement délivré afin de le joindre au certificat à transmettre à l'appui de la nouvelle demande d'admission. *(Déc. du 11 mars 1869.)*

182—115. P. 184, 6ᵉ §, en note. Un congé de 15 jours peut être accordé comme témoignage de satisfaction, pourvu que la rentrée de congé de l'agent, bien que ne remontant pas à 360 jours, soit antérieure au 1ᵉʳ janvier de l'année courante. *(Circ. man. du 17 août 1861.)*

P. 185, 4ᵉ §, en note. Le maximum des congés de 15 ou de 30 jours, à titre de témoignage de satisfaction, peut, sur autorisations spéciales de l'administration, faire l'objet de plusieurs absences dans le cours de l'année (360 jours). *(Déc. du 30 mai 1868.)*

26 S. *Rayer les 7ᵉ, 8ᵉ et 9ᵉ lignes.*

183—119. Avant-dernier §. Les agents sont responsables des objets dont ils sont dépositaires. Les inventaires des bureaux, corps-de-garde, brigades ou casernes, doivent être tenus avec beaucoup de soin. *(Circ. man. du 12 septembre 1872.)*

L'administration centrale fournit au service les plombs, V. nᵒ 31, les ustensiles et instruments de vérification (féromètre, etc.) (1). Il faut adresser à la 2ᵉ division, 4ᵉ bureau, une demande distincte pour chaque catégorie d'objets. *(Circ. man. du 20 septembre 1871.)* V. nᵒ 133.

184—125. P. 201. Les projets de baux ou marchés soumis à l'appréciation de l'administration doivent contenir une clause portant qu'ils ne sont passés que sous réserve expresse de l'approbation de l'administration. *(Déc. du 14 mai 1868.)*

Il faut stipuler dans les baux qu'ils cesseront en cas de changement ou de suppression du bureau ou de la brigade *(Déc. du 51 août 1871)*, et que le paiement du prix se fera le 1ᵉʳ avril, le 1ᵉʳ juillet, le 1ᵉʳ octobre et le 31 décembre. Si le bail compte du 1ᵉʳ septembre, le premier paiement comprend les quatre mois de la fin de l'année. *(Lettre de la compt. du 16 janvier 1869.)*

Pour tout contrat, bail ou marché, concernant un local destiné à servir de bureau, de corps-de-garde ou de caserne, le timbre est payé par le propriétaire bailleur. *(Déc. min. du 19 novembre 1868.)* L'acte doit contenir une clause d'après laquelle le prix de ferme sera acquitté sur quittance dont le timbre sera à la charge du bailleur, ainsi que le timbre du bail même. *(Circ. lith. du 25 avril 1870.)*

Entretien d'immeubles et réparations à la charge du propriétaire, V. art. 605, 606, 1719 et 1720 du Code civil.

Réparations locatives, au compte du locataire, pendant le bail ou lors de la remise du local, V. art. 1731, 1754 et 1755; les frais de peinture des murs n'en font point partie : ils rentrent dans les travaux de bon entretien incombant au propriétaire. *(Déc. du 20 juillet 1870.)*

185—130. 3ᵉ §. Pour les embarcations non pontées, le pavillon ne doit pas avoir plus de 1ᵐ sur 1ᵐ70; pour les autres, 1ᵐ60 sur 2ᵐ40. *(Déc. du 10 août 1869.)*

P. 205, 1ᵉʳ §. Les embarcations que montent les inspecteurs doivent être peintes

(1) Les cônes tronqués et les fasquelines pour le pesage des sels sont confectionnés dans chaque direction.

à l'intérieur en blanc et à l'extérieur en noir, avec un simple liston rouge ou vert de cinq centimètres : toutes les autres embarcations sont au dedans en couleur chamois et en noir à l'extérieur. (*Déc. du 27 juin 1868.*)

Ne doivent être pourvues de tapis que les embarcations 1° affectées aux tournées des employés supérieurs; 2° mises exceptionnellement, dans les grands ports, à la disposition des officiers de brigades. *(Déc. du 5 août 1871.)*

186 — 132. 4e §. On doit expliquer dans la lettre d'envoi des devis les motifs des demandes à titre de fourniture première. *(Déc. du 8 août 1868.)*

Les devis indiquent que les objets réformés (1) seront, soit livrés aux domaines, s'ils ont été achetés ou si les réparations sont faites au compte de l'État, soit vendus au profit de la masse, quand ils proviennent de ce fonds. *(Déc. du 5 juillet 1871.)*

5e §, 9e ligne, après le mot dimensions, *mettre* de longueur et de largeur. *Ajouter* et le prix de la main-d'œuvre sur une ligne distincte. On agit de même pour les pavillons ou les flammes.

Il faut énoncer la longueur et l'épaisseur des pièces de bois nécessaires et le prix des avirons au mètre.

En prenant pour terme de comparaison les prix les plus faibles pour chaque espèce de fournitures dans toute la direction, on doit, tout en faisant la part des difficultés d'approvisionnements dans certaines localités, obtenir pour chaque capitainerie les conditions les plus avantageuses; il semble possible, d'ailleurs, sans qu'il doive en résulter d'inconvénient pour la surveillance, ni de charge, comme travail pour les hommes d'équipage, de centraliser les achats et les travaux, là où l'on trouve, avec les garanties de main-d'œuvre et de qualité, le meilleur marché relatif. (*Déc. du 27 juin 1868.)*

En cas de remplacement d'embarcations, il faut indiquer que les nouvelles seront pourvues des agrès, apparaux et objets mobiliers affectés aux embarcations réformées, et, en vue de faciliter la tenue des inventaires, reprendre, pour mémoire, le détail de ces objets. (*Déc. du 10 août 1870.)*

6e §, *ajouter :* et constatant qu'elles sont complétement hors de service, qu'elles ne peuvent utilement recevoir de réparations et qu'elles ont, d'ailleurs, dépassé l'époque prévue de leur mise à la réforme. (*Déc. du 10 août 1869.)*

9e §, *ajouter :* mais les marins assurent l'entretien de leurs embarcations. (*Déc. du 27 juin 1868.)*

Dernier §. Pour les travaux ou fournitures ne dépassant pas 1,000 fr., l'entrepreneur ou fournisseur peut être dispensé d'un engagement spécial ou d'une soumission. Le devis adressé à l'administration n'est alors qu'un simple document d'ordre intérieur et n'est assujetti ni au timbre ni à l'enregistrement. (*Circ. de la compt. du 25 janvier 1868, n° 91.)*

Quand il n'y a ainsi ni engagement ni soumission, le comptable n'a pas à produire de devis pour la régularisation du paiement, pourvu que l'autorisation administrative de la dépense contienne, avec la dispense de devis, les renseignements nécessaires pour qu'il y ait contrôle. (*Même Circ. de la compt. et Circ. du min. des fin. du 28 août 1868, n° 614.)*

133. 1er § et 2e, *ajouter : V.* n° 225 T et 200 S.

---

(1) Ces objets, bien qu'ils ne puissent être utilisés pour le service des douanes, conservent une certaine valeur; il ne faut pas les désigner comme n'en ayant aucune. (*Déc. du 27 juin 1868.)*

187—137. Note. 1ᵉʳ §, *ajouter* : verres, carafes, flambeaux, balais, etc. (*Déc. du 20 juillet 1870*); grands rideaux pour les fenêtres du cabinet des chefs de service : des petits rideaux d'applique peuvent seuls être accordés pour les bureaux. (*Déc. du 8 août 1868.*)

2ᵉ §. On pourvoit, sur les crédits du matériel ou, s'il s'agit de casernement, sur les fonds de masse, au remplacement des carreaux brisés dans les escaliers ou dans les corridors; dans les autres cas, les frais incombent à l'agent qui a causé l'accident ou qui, par sa position, en est responsable. Le devis doit indiquer où les carreaux existaient. (*Déc. du 12 juillet 1869.*)

Les corps-de-garde ne reçoivent ni grands rideaux, ni stores, ni petits rideaux d'applique. (*Déc. du 20 juillet 1870.*)

188—140. 2ᵉ §. V. n° 184 S.

6ᵉ §, *ajouter* : *Réglement du 26 décembre 1866, et Circ. de la compt. du 25 janvier 1868*, n° 91.)

189—144. 1ᵉʳ §. Note. En cas de changement de taxe, si les marchandises déclarées antérieurement sont restées sous la garde du service, et si les droits n'ont pas été liquidés, les chefs de la douane peuvent, sur la demande motivée des intéressés, autoriser l'annulation des déclarations déjà enregistrées. Dans d'autres conditions, c'est-à-dire si l'une ou l'autre de ces deux conditions n'est pas remplie, la perception, régulièrement accomplie, est définitive. (*Déc. du 23 juillet 1870.*)

2ᵉ §, 1ʳᵉ ligne, *ajouter en note* : ou à l'entrée sous le régime de l'admission temporaire. (*Circ. lith. du 11 juin 1870.*)

190—149. 3ᵉ §, *ajouter* : V. n° 278 S.

7ᵉ §, *faire précéder de ces mots* : les importateurs ne sont pas obligés de produire des factures à l'appui des déclarations. Au cas où ils en présenteraient dans le but d'accélérer les opérations, le service ne devrait pas perdre de vue que..... (*Tableau des droits*, 1869.)

191—167. 1ᵉʳ §, 12ᵉ ligne, *ajouter* : les toiles de lin et la bourre de soie filée (*Circ. lith. du 25 avril 1868*), les boutons et autres menus ouvrages en bois d'Écosse (déduire, non le papier de soie enveloppant chaque objet, mais les papiers contenant les articles de même espèce), et la poterie d'étain (*Circ. man. du 4 mars 1869, et Tableau des droits, 1869.*)

16ᵉ ligne, en note. Pour les aiguilles à coudre, on défalque les papiers grossiers recouvrant les paquets, mais non la première enveloppe; on détermine la tare au moyen de pesées intégrales ou d'épreuves suffisamment répétées. (*Circ. man. du 4 mars 1869.*)

2ᵉ §. Font partie intégrante de la marchandise et sont dès lors compris dans le poids net imposable, les boîtes en fer-blanc renfermant des conserves de poissons. (*Circ. lith. du 19 février 1872.*)

192—197. Huiles de pétrole ou de schiste, brutes ou épurées, importées dans des fûts dits *à pétrole*.......................... 18 p. 0/0 (tare légale).

Essences de pétrole ou de schiste, importées dans des fûts dits *à pétrole*.......................... 19 p. 0/0

(*Décret du 12 avril 1872; Circ. du 16, n° 1156.*)

193—202. Il est établi un droit de statistique à l'entrée (importation par mer ou par terre, *V.* n°s 295 et 331), et à la sortie (exportation par mer ou par terre, *V.* n° 572) (1).

Ce droit est de 10 centimes, savoir :

Par colis de toute dimension, sur les marchandises en futailles, caisses, sacs ou autres emballages, mais avec exemption pour les petits bagages portés à la main et

---

(1) Le droit est dû même pour les provisions de bord *(note 1, du 7 février 1872),* et pour les marchandises de retour. *(Note 3, du 7 avril 1872.)*

Les produits expédiés aux colonies françaises *(l'Algérie comprise),* ou en arrivant, sont passibles de ce droit. Il n'y a d'exemption que pour le cabotage. *(Note 1, du 7 février 1872.)*

Pour les marchandises expédiées par transit direct, le droit n'est exigé qu'au bureau d'entrée. *(Déc. min. du 10 janvier 1873; Circ. du 21, n° 1189.)*

Si les marchandises admises en entrepôt, après paiement de ce droit, en sont extraites pour la consommation, l'opération est exempte de la taxe. *(Même note 1.)* Mais les houilles destinées à être employées à bord des bateaux à vapeur naviguant en mer sont assujetties à la taxe : c'est une réexportation. *(Note 2, du 13 février 1872.)*

Quand une cargaison est momentanément déposée à terre pendant les réparations d'un navire en relâche forcée pour cause d'avaries, on s'abstient d'exiger le droit de statistique, eu égard au cas de force majeure et sous la réserve qu'il n'aura été fait aucune opération de commerce. *V.* n° 643, notes 7 et 21. *(Note 4, du 24 juillet 1872.)*

Il y a franchise, soit pour les objets embarqués sur les navires de guerre ou débarqués de ces bâtiments. *V.* n° 643, note 5. *(Note 3, du 7 avril 1872.)* Soit pour tout ce qui est embarqué sur les navires de pêche *(petite ou grande),* ou débarqué, la pêche étant, dans ce cas, assimilée au cabotage *(note 1, du 7 février 1872),* et il en est de même à l'égard des navires dits *chasseurs* qui sont chargés de ravitailler les navires pêcheurs et rapportent le produit des premières campagnes de pêche. *(Note 4, du 24 juillet 1872.)*

Les objets mobiliers et les objets de rechange (vergues, voiles, cordages, etc.) sont passibles de la taxe; mais ils en sont exemptés lorsqu'ils sont momentanément débarqués des navires auxquels ils appartiennent, pour être visités, réparés ou recevoir des soins d'entretien. Cette disposition s'applique aussi aux hardes et effets de l'équipage. *(Note 3, du 7 avril 1872, et 4, du 24 juillet 1872.)*

A l'égard des marchandises transbordées sans mise à terre pour la réexportation, le droit n'est perçu qu'une fois, lors de l'opération. *(Note 2, du 13 février 1872.)*

Le droit n'est pas dû lorsque, dans quelques grands ports et par mesure d'ordre, pour les navires venant de l'étranger et devant y retourner, les restes de provisions laissés à bord font l'objet d'un permis soumissionné qui assure leur prise en compte. *(Note 4, du 24 juillet 1872.)*

Pour les matériaux, terres, cailloux, etc., embarqués comme lest, le droit n'est pas exigible s'il s'agit de lest proprement dit, à l'exclusion des produits qui, bien que chargés à titre de lest, auraient une valeur marchande et devraient être vendus au port de destination. *(Note 2, du 13 février 1872.)*

En cas d'emprunt du territoire étranger, par terre ou par la voie de canaux, pour se rendre d'un lieu de la France à un autre, le droit n'est pas dû; le service doit surveiller ces opérations. *(Même note.)*

Les récoltes fraîchement coupées des propriétés limitrophes (céréales en gerbes ou en épis, foins, etc.), sont affranchies du droit. Cette exemption s'étend au bétail et au matériel agricole servant à l'exploitation de ces propriétés. *(Note 3, du 7 avril 1872.)*

pour tous les colis de bagages qui accompagnent les voyageurs ou les émigrants. (*Circ. nº* 1151 ; *Décision min. du 10 janvier* 1873 *et Circ. du* 21, *nº* 1189) (1).

Par 1,000 kilos ou par mètre cube, sur les marchandises en vrac (y compris les houilles et les matériaux de construction) (2) ;

Par tête, sur les animaux vivants ou abattus des espèces chevaline, bovine, ovine,

---

(1) Le droit de 10 c. est dû pour chaque sac de charbon. (*Note 5, du 7 avril* 1872) et pour chaque caisson de savon bleu au talc embarqué séparément ; mais si les caissons sont réunis en fardeaux, il n'est exigé que 10 c. pour chaque fardeau. (*Même note.*)

Les laines, peaux brutes, lins, fourrages, etc., importés ou exportés en balles *pressées* et entourées de cercles en fer, sont soumis au droit de 10 c. par balle. (*Note 2, du 13 février* 1872.)

Dans le cas où plusieurs colis sont réunis ou placés sous une enveloppe commune, une distinction est à faire : s'il s'agit d'objets, tels que des châles de cachemire, de la passementerie, des rubans, etc., qui, pour des convenances commerciales ou pour la préservation de la marchandise, sont renfermés dans une première enveloppe, boîte, carton ou caissette, ces cartons, caissettes ou boîtes, étant eux-mêmes placés sous une enveloppe commune, on ne doit avoir égard qu'au colis *extérieur* et n'exiger que 10 c. Quand, au contraire, les colis *intérieurs* ont été réunis sous une enveloppe commune, en vue d'échapper soit à la taxe de statistique, soit aux tarifs des chemins de fer, on perçoit 10 c. pour chacun de ces colis. (*Note 2, du 13 février 1872.*)

La taxe n'est due que sur le fardeau, composé : 1º des petits barils d'eau-de-vie renfermés dans une futaille commune ; 2º des caissettes de ce liquide réunies dans une grande caisse : 3º ou des caisses groupées au moyen d'un lien en fer feuillard. (*Note 5, du 7 avril 1872.*)

A raison soit du défaut d'uniformité des récipients, soit de la faible valeur des produits, le service ne perçoit le droit que par *dizaine* de colis, considérée ici comme constituant l'unité, quand il s'agit de paniers de pommes de terre ; de corbeilles de pommes tapées : de graines oléagineuses en couffettes, sachets, pochettes ou petits sacs (*Note 5, du 7 avril 1872*) ; de fruits de table frais ou de légumes verts, en paniers, mannes, caissettes ou corbeilles ; de petites boîtes de graisses résineuses dont le poids n'excède pas 2 kil. l'une ; de sachets de plomb de chasse pesant au plus 10 kil. chacun (*Note 4, du 24 juillet 1872*) ; de cabas de figues du Portugal, dont le poids est ordinairement de 15 kil. l'un ; des boîtes de figues de Smyrne de 2 à 3 kil. ; de caisses de raisins de Malaga de 3 à 14 kil. (*Circ. lith. du 6 août 1872*) ; de figues sèches ou de raisins et autres fruits secs en petits emballages, tels que cabas, caissons, sachets, etc. (*Circ. lith. du 14 septembre 1872.*)

(2) L'unité qui doit servir de base à la perception est celle qui est inscrite au tableau des droits. Pour les marchandises dont l'unité est le nombre, le droit de statistique est dû au poids. (*Note 2, du 15 février 1872.*)

Ce droit ne peut être fractionné : il est exigé intégralement pour toute quantité de 1,000 kil. et au-dessous, et pour toute fraction au-dessus de 1,000 kil. Il en est de même pour les fractions de mètre cube. (*Note 1, du 7 février* 1872.)

Sont traités comme s'ils étaient en vrac, même lorsqu'ils sont transportés autrement qu'en vrac, les sels (3ᵉ *Note du 7 avril* 1872) ; les céréales (grains et farines), son, légumes secs (*Note 4, du 24 juillet* 1872), pommes de terre (*Circ. lith. du 11 novembre* 1872), plâtre, ciment et autres matériaux de toute espèce propres à la bâtisse (*Note 1, du 7 février* 1872), sciure de bois, écorce à tan, minerai, derle, kaolin (*Note 3, du 7 avril* 1872), engrais (phospho-guano et autres), tourteaux de graines oléagineuses, paille (*Note 4, du 24 juillet* 1872), ocres (*Circ. lith. du 7 janvier* 1873.)

caprine et porcine (mais avec exemption pour les bestiaux et troupeaux amenés ou envoyés au pacage et les chevaux ou autres bêtes de somme affectés à des transports réguliers entre la France et l'étranger, et *vice versâ* (1). (*Loi du 22 janvier 1872, art. 3; Circ. du 23, n° 1151*).

Indépendant de toute autre taxe et affranchi des dixièmes additionnels, ce droit est inscrit sur un carnet, série M, n° 44 ter (2) et repris à la suite des droits d'exportation. (*Même Circ. et Circ. auto. du 9 février 1872*).

194—204. Les états par nature d'opérations et les bureaux qui doivent les former sont indiqués par la Circ. lith. du 23 septembre 1871.

Des récipients vides (sacs, caisses, etc.) forment une marchandise et non un colis ; mais quand ils sont réunis en fardeaux, chaque fardeau ou colis est passible du droit de 10 c. (*Note 1, du 7 février 1872*.)

Lorsque des tuyaux de fonte, des pièces de machine, des tubes en fer, des barres de fer ou d'acier, des fers feuillards, ainsi que de l'osier, sont en paquets entourés d'un simple lien ou fil de fer, on les traite comme marchandise en vrac. (*Même note et note 2 du 15 février 1872*.)

Il en est de même des paquets de fils de lin, de chanvre, de jute, d'étoupe, etc., réunis en bottes au moyen d'un lien en fil ou cordelette (*Note 5, du 7 avril 1872*) ; et, à raison des conditions de concurrence à l'étranger, des sucres en pain, bien qu'étant enveloppés et ficelés. (*Note 1, du 7 février 1872*.)

Les rames de papier séparées les unes des autres par des enveloppes en papier, sont assujetties au droit par 1,000 kilos; mais si elles étaient sous plateaux et sous cordes, chaque rame formerait un colis passible de 10 c. (*Même Note*.)

Réunis sous une couverture commune en papier fort, dite *maculature*, et maintenus par deux cordes, les papiers en rouleaux sont taxés aux 1,000 kilos. (*Note 4, du 24 juillet 1872*.)

(1) Il y a aussi exemption pour les bêtes de somme attelées, servant aux usages agricoles ; les animaux qui, conduits aux foires et marchés, n'ont pas été vendus (*Note 2, du 15 février 1872*) et les montures, bêtes de somme ou attelages, servant aux relations d'affaires ou de voisinage entre les habitants des deux côtés de la frontière. (*Même Note et Note 4, du 24 juillet 1872*.)

(2) La perception est faite au moment où les marchandises sont déclarées en *détail*. Toutefois, si dans quelques douanes les chefs ont, pour les convenances du commerce, la faculté de ne faire opérer la perception qu'après la visite, en toute hypothèse, l'employé qui recouvrera le droit devra simultanément remplir la souche du carnet série M, n° 44 *ter*, et détacher le volant. Sur les frontières de terre, quand on n'aura à exiger, d'après les règlements, que des déclarations verbales, le volant sera remis aux intéressés. Sur les frontières maritimes, dans les bureaux de l'intérieur, et généralement pour toutes les opérations qui donneront lieu à des déclarations écrites, le volant sera appliqué sur la déclaration au moyen de la gomme dont il est enduit. Les agents de la visite seront ainsi avertis tant du fait de la perception que du montant du droit payé, et ils seront en mesure, dans le cas d'excédant reconnu sur les quantités déclarées, de faire recouvrer le supplément qui se trouvera dû.

On appose sur le volant du carnet série M, n° 44 *ter*, le timbre mobile, V. n° 157 S, en ayant soin de l'annuler par la signature de l'employé ou au moyen du cachet du bureau.

Pour prévenir toute confusion, il est tenu autant de carnets qu'il y a de registres de déclarations. En tête de chaque carnet on indique le registre auquel il se rapporte. (*Circ. auto. du 9 février 1872*.)

Pour le transit direct (ordinaire et international), le bureau de destination ou de sortie inscrit au commerce général d'entrée et de sortie les marchandises dont la réexportation s'est effectuée, et à l'entrée seulement les marchandises déclarées en cours de transport pour l'entrepôt ou l'admission temporaire.

Dans le cas où les marchandises sortent d'entrepôt et si le transit est consommé, le bureau d'expédition en tient écriture au commerce général de sortie, et, à cet effet, attend que les acquits-à-caution lui aient été renvoyés.

A l'égard des importations temporaires, c'est le bureau d'entrée qui prend en compte au net : 1° les matières premières introduites ; 2° les produits fabriqués (sauf les sucres, V. n° 227 S) réexportés à décharge par les bureaux que l'on doit désigner au fur et à mesure de la rentrée des acquits-à-caution. Les douanes intérieures qui, pour les produits à imputer à décharge des admissions temporaires, reçoivent une déclaration de réexportation par un autre bureau et délivrent un nouvel acquit ou un passavant, selon qu'il y a eu ou non présentation à la visite, ne les font pas figurer dans leur statistique. *(Circ. auto. des 30 décembre 1869, 10 mai et 13 juin 1870.)*

A l'importation et à l'exportation par chemins de fer, les marchandises sont inscrites au compte, non du pays limitrophe, mais de la puissance d'où elles arrivent réellement, ou pour laquelle elles sont expédiées.

Relativement à l'importation et à l'exportation par mer, les marchandises qui viennent de divers pays à bord d'un navire à plusieurs destinations, doivent être reprises séparément au compte des pays où elles ont été embarquées ou dans lesquels elles seront débarquées. Mais les marchandises dirigées, par des services de bateaux à vapeur, sur les ports voisins pour y être transbordées, doivent figurer au compte des pays pour lesquels elles sont réellement destinées. Une subdivision spéciale est ouverte à cet égard. *(Circ. auto. du 30 décembre 1869.)*

195—205. *Rayer le 1ᵉʳ §.* Pour le cabotage, ce sont les douanes de destination ou d'entrée qui, à vue du dépouillement, n° 41 bis, forment un état indiquant le mouvement d'entrée, avec désignation des ports d'expédition.

Les mutations d'entrepôt par mer sont, au contraire, signalées par le bureau de départ, à la rentrée des acquits-à-caution. *(Circ. auto. des 30 décembre 1869 et 24 juin 1870.)*

196—206. Les mouvements de la navigation sont signalés par mois, au moyen de l'état série E, n° 2 B ; en fin d'année, par l'état n° 1 et l'état manuscrit des navires qui, venant de l'étranger, des colonies ou de la grande pêche, ou y allant, effectuent des opérations de commerce dans plusieurs ports de France. Dans ce dernier cas, les navires sont inscrits, pour l'entrée, au port de prime-abord, et pour la sortie, au port où le chargement a été commencé. Si le navire importe ou exporte des marchandises ayant diverses provenances ou destinations, on le reprend au compte du pays le plus éloigné de France. *(Circ. lith. du 27 septembre 1871.)*

197—207. 2ᵉ §. Les tableaux du bulletin de commerce doivent, en suivant le modèle donné par la circulaire manuscrite du 22 décembre 1869, être dressés d'après les règles de la statistique générale. *(Circ. man. du 11 mars 1870.)*

198—210. 6ᵉ §, 5ᵉ ligne. *Rayer ce qui concerne le Relevé n° 4 ter, par suite de la Circ. de la compt. du 29 décembre 1872, n° 102.*
P. 271, avant-dernier §. *Rayer à partir de 2° jusqu'à 4°.*

37 S. 3ᵉ ligne. *Rayer : 11 et 21, et mettre : 16. Aux mots : n° 74 ter, ajouter :*

présentant la situation des recouvrements de la première quinzaine (année courante). *(Circ. de la compt. du 29 décembre 1872, n° 102.)*

38 S. *Rayer, par suite de la Circ. n° 102.*

199—212. *2e §, 4e ligne. Après le mot :* justificatifs, *mettre :* y compris un relevé, n° 80, des sommes non payées à défaut d'émargement ou de quittance. *(Circ. de la compt. du 29 décembre 1872, n° 102.)*

200—214. P. 275, 1er §. Un mandat doit précéder toute dépense; on ne doit y comprendre, par principalité, que des dépenses de même espèce. *(Circ. de la compt. du 29 décembre 1872, n° 102.)*

Sauf pour les bonifications d'escompte sur les droits, réglées immédiatement, toutes les dépenses autorisées sur le budget de l'administration, à moins qu'elles ne soient préalablement liquidées et ordonnancées ou mandatées, ne doivent être faites que par inscription aux avances à régulariser pour être portées aux dépenses définitives après délivrance du mandat.

A l'égard des dépenses au-dessous de 50 fr. *(V.* n° 133) et autres dépenses extraordinaires de matériel comprises sur l'état série E, n° 99, les directeurs doivent adresser, avec un bordereau n° 100 *bis* pour chaque espèce de dépense, toutes les pièces justificatives à l'administration, 2e division, 4e bureau, pour y être soumises à la formalité de la liquidation, au plus tard le 15 de chaque mois. *(Circ. auto. du 5 février 1873.)*

Dernier §. Lorsqu'une réduction doit être faite sur les opérations d'un mois, il y a lieu d'établir le décompte dans la colonne d'observations de l'état de situation, en indiquant d'abord le chiffre brut du mois, puis la somme à en déduire, avec les motifs, de manière à faire ressortir la somme nette. *(Circ. du Min. des Fin. du 16 mai 1868, n° 606.)*

201—215. Dernier §. *Après le mot* délai, *rayer jusqu'à la fin de la ligne et mettre :* de deux années. V. 9e § *(Déc. du 29 juillet 1871.)* V. n° 40.

202—222. Note. *Rayer les trois premières lignes et mettre :* et enregistrées. *(Lettre de la compt. du 13 décembre 1869.)*

203—224. P. 286, 6e §. En cas de réadmission, l'exemption de retenue du premier mois de traitement ne peut être accordée qu'en vertu d'une décision spéciale rendue par l'administration sur la proposition des directeurs et annexée en copie ou extrait au rôle d'appointements. *(Circ. man. du 15 septembre 1868.)*

46 S. 10e §, *ajouter :* et du 25 janvier 1868, n° 91.

204—228. 3e §. *Rayer à partir de la 5e ligne, et mettre :* c'est la partie supérieure du bordereau qui est conservée par le receveur ayant effectué le paiement, pour être jointe à la chemise n° 71 à produire dans la comptabilité mensuelle. Les deux parties de la formule ne doivent jamais être transmises par envois spéciaux. *(Circ. de la compt. du 29 décembre 1872, n° 102.)*

Rayer les 4e et 6e §§.

205—231. P. 294, 4e ligne. *Ajouter :* et copie de l'autorisation administrative. *(Réglement de 1866, et Lettre de la compt. du 11 mai 1869.)*

2

10ᵉ ligne. *Après le mot* devis, *mettre :* s'il y a lieu. (*Circ. du Min. des fin. du 28 août 1868, nᵒ 614.*) *V.* nᵒ 132.

32ᵉ ligne. *Ajouter :* le total de chacun des états nᵒˢ 15 et 16 doit être porté soit sur une feuille récapitulative, soit sur la chemise C, nᵒ 41. (*Lettre de la compt. du 11 novembre 1869.*)

P. 297, 1ᵉʳ §. Note 1, 2ᵉ ligne. *Ajouter :* un extrait de livre-journal constatant la reprise en recette et... (*Circ. de la compt. du 25 janvier 1868, nᵒ 91.*)

4ᵉ §, *ajouter :* et une copie de la décision de l'administration autorisant le paiement. (*Lettre de la compt. du 9 novembre 1868.*)

Police des côtes et frontières.

206—240. Dernier §. Quand des cachettes sont découvertes à bord d'un navire français, il faut en informer l'administration pour qu'elle le signale à toutes les directions. (*Déc. du 28 septembre 1869.*)

207—252. Dernier §, note. On délivre un acquit-à-caution nᵒ 9, en lettres rouges, pour les produits de toute nature expédiés avec suspension des droits. (*Circ. lith. du 22 juillet 1868.*)

A l'égard des mélasses, on appose un cachet sur les futailles : 1ᵒ au point de jonction des douves sur la bande; 2ᵒ sur le fond, près de l'angle formé par les extrémités des douves. (*Même Circ.*)

Importations.

208—363. 7ᵉ §. Quand, relativement aux convois non escortés, les ruptures de plombage n'ont pas, dès l'arrivée en gare, été signalées par les chefs de trains et réparées aussitôt, la décharge des acquits-à-caution est subordonnée au paiement d'une amende en rapport avec les circonstances relevées par le service. (*Circ. man. du 3 juillet 1872.*)

209—373. *Ajouter :* Fécamp, Jeumont, Givet (*Tableau des droits, 1869*), Vintimille (gare internationale) (*Circ. nᵒ 1182*).

210—380. 2ᵉ §. *Ajouter :* Anor (*nᵒ 1087*), Binic (*Circ. nᵒ 1107*), Ghyvelde (gare) (*Circ. nᵒ 1129*), Saint-Jean-Pied-de-Port (au lieu d'Arnéguy) (*Circ. nᵒ 1178*). *A* Saint-Louis, *substituer :* Belfort. (*Circ. nᵒ 1139.*)

211—381. Les grains et farines peuvent être importés par tous les bureaux. (*Décret du 9 juillet 1868; Circ. du 20, nᵒ 1098.*)

212—382. Note, 1ᵉʳ §, 2ᵉ ligne. *Au mot* double, *substituer celui de* simple. (*Circ. lith. du 2 juillet 1868.*) *V.* nᵒ 995, 5ᵉ §, note 2.

4ᵉ ligne. *Ajouter :* Nancy. (*Circ. nᵒ 1175.*)

213—383. 2ᵉ §. *Ajouter :* Anor (*Circ. nᵒ 1087*), Charente (*Circ. nᵒ 1096*), Vintimille (gare internationale) (*Circ. nᵒ 1182*). *A* Saint-Louis, *substituer :* Belfort. (*Circ. nᵒ 1139.*)

214—384. *Ajouter :* Vintimille (gare internationale). (*Circ. nᵒ 1182.*)

215—410. Art. 1ᵉʳ, dernière ligne. *Mettre en note :* Pour les capsules de poudre fulminante de chasse, *V.* nᵒ 975.

Entrepôts.

216—441. 2ᵉ §. *Rayer Binic, par suite de la Circ. lith. du 7 mars 1868. Ajouter : Brest. (Circ. lith. du 20 janvier 1870.)*

217—473. 1ᵉʳ §, 2ᵉ ligne. *Ajouter : La Rochelle (Circ. lith. du 1ᵉʳ décembre 1869), Brest (Circ. lith. du 20 janvier 1870).*

218—476. *Après le 4ᵉ §, mettre :* bois d'ébénisterie (indiquer l'espèce des bois, leur état brut ou scié, le nombre des pièces et leur cubage; chaque lot doit être placé séparément dans les magasins, par espèce et par provenance). (*Décret du 4 janvier 1873; Circ. du 17, nº 1188.*)

P. 434. *Rayer la 16ᵉ ligne et la note 2,* les marchandises admissibles en entrepôt fictif pouvant être importées par tout pavillon, en vertu du décret du 28 juillet 1869. (*Circ. du 9 août 1869, nº 1119.*)

Transit.

219—514. 2ᵉ §. L'horlogerie, les montres et ouvrages *autres* d'or et d'argent, et la bijouterie peuvent être expédiés sous simple emballage et sous simple plombage. (*Circ. lith. du 6 novembre 1869.*)

220—523 *bis.* Le conducteur des marchandises expédiées en transit doit les présenter au bureau des douanes de seconde ligne (1), par lequel il entre sur le territoire des deux myriamètres frontières, ou en sort, pour faire viser l'acquit-à-caution après que les employés auront reconnu que le chargement est intact, ainsi que les enveloppes des colis, les cordes et les plombs.

Dans le cas seulement où il y aurait déficit ou altération des colis, des cordes ou des plombs, les agents des douanes pourront procéder à la visite complète et constater les soustractions ou substitutions qui auraient eu lieu.

Si le conducteur ne satisfait pas à cette obligation, et s'il a passé le bureau sans avoir requis et obtenu le visa de la douane, il sera passible solidairement avec le soumissionnaire de l'acquit-à-caution d'une amende de 500 fr. (*Loi du 9 février 1832, art. 12, et loi du 26 juillet 1872; Circ. du 20 septembre 1872, nº 1177.*)

Le visa au bureau de seconde ligne est obligatoire pour les passavants relatifs aux importations temporaires, surtout les passavants délivrés pour les sucres raffinés expédiés à la décharge de ces importations. (*Loi du 26 juillet 1872, art. 9; Circ. nº 1177.*)

Partout où la 2ᵉ ligne a été rétablie, le service doit veiller à la stricte application de ces dispositions, conformément aux Circ. nᵒˢ 1313, 1338 et 1361.

Le défaut de visa, pour les marchandises de transit, peut être constaté par de simples réserves aux certificats de décharge (*Circ. nᵒˢ 1313 et 1338*); mais pour les transports à la décharge des comptes d'admission temporaire, le bureau de destination doit dresser procès-verbal pour le non-visa des passavants. (*Même Circ., nº 1177.*)

221—539. Les denrées coloniales étant astreintes à la garantie de l'échantillon plombé, ajouter la lettre E aux produits suivants : cacao, café de toute espèce,

---

(1) Il y a dispense pour les transports par chemins de fer. (*Circ. des 25 avril 1848, nº 2242, et 20 septembre 1872, nº 1177.*)

cannelle, girofle, macis, muscade, piment, poivre, sucre brut, thé, vanille. (*Arrêté du Min. du 17 juin 1872; Circ. auto. du 29; Décret du 12 juillet 1872; Circ. du 15, n° 1169.*)

222—540. 2e §, 5e ligne. *Après* Delle, *mettre* : * (*Circ. lith. du 3 septembre* 1868.)

A Saint-Louis, *substituer* : Belfort * (*Circ. n° 1139.*)

Rayer : Arnéguy, *et mettre* : Saint-Jean-Pied-de-Port. (*Circ. n° 1178.*)

Ajouter : Anor (station du chemin de fer *) (Circ. n° 1087); Vintimille * (gare internationale) (Circ. n° 1182); Audun-le-Roman (station *); Doncourt *; Mars-la-Tour *; Arnaville *; Pagny (station *); Champey *; Parroy (canal *); Embermenil (station *); Blamont (station *). (*Circ. lith. du 28 août* 1871.)

Admissions temporaires.

223—541. 10e §. Pour l'importation, il faut tenir compte des assimilations de pavillon résultant des traités. (*Circ. lith. du 5 février* 1873.)

12e §, 1re ligne. *Après* consommation, *mettre en note* : même en cours de transport sous le régime du transit ou des mutations d'entrepôt. Les acquits-à-caution doivent donner les indications éventuellement nécessaires. (*Circ. man. du 29 mars* 1869.)

P. 481, 6e §. *Après le mot réel* (6e ligne), *mettre* : et particulièrement dans les douanes de l'intérieur. *Ajouter* : Circ. lith. du 13 août 1868.

P. 482, 2e §, *ajouter* : et Circ. lith. du 7 mai 1868.

224—566. 2e §. *Ajouter* : et Décret du 9 janvier 1870; Circ. du 9 février suivant, n° 1125.

3e §. Quand il s'agit de fabriquer avec condition d'exporter des objets de grosse fabrication, l'intéressé doit, en adressant sa demande d'autorisation au Ministre du commerce, justifier de commandes spéciales reçues de l'étranger. (*Arrêté min. du 19 mars* 1868, art. 1 et 2; Circ. du 20 avril suivant, n° 1093.)

4e §, *ajouter* : et même arrêté.

Les décisions ministérielles portant ouverture de crédits d'admission temporaire n'ont d'effet que pendant trois années. (*Circ. aut. des 6 janvier* 1869 *et 8 mars* 1870.)

7e §. Les concessionnaires de crédits ne peuvent avoir auprès des bureaux de douane des représentants autorisés à signer les bordereaux de détail de sortie, mais ils peuvent déléguer ce pouvoir au gérant de l'usine d'où sortent les produits à exporter. Quand elles sont présentées avec des bordereaux régulièrement établis, les déclarations de sortie ne sont pas appuyées d'une procuration. (*Circ. lith. du 8 août* 1868.)

11e §, 2e ligne. *Ajouter* : autre que la fonte, et quant aux produits fabriqués avec la fonte, dans un délai de six mois pour les objets de grosse fabrication et dans un délai de 3 mois pour la fabrication courante. (*Arrêté min. du 19 mars 1868, art. 6 ; Circ. n° 1093*) (1).

Ce délai part de la date de la soumission pour l'admission temporaire, date qui peut être autre que celle de la déclaration pour la vérification. (*Cir. lith. du 9 novembre 1868.*)

3e ligne, *mettre en note* : Une tolérance de 10 p. 0/0 en plus est autorisée à la réexportation des produits fabriqués avec des métaux dont les dimensions ont, à l'entrée, été déterminées en fractions de millimètre ou dont le poids est au mètre

---

(1) Les chefs locaux doivent refuser toute prolongation quelconque du délai légal. (*Circ. n° 1093 et Circ. lith. du 17 novembre* 1870.)

courant. Ainsi, lors de la reconnaissance à la sortie, on acceptera, par exemple, en compensation soit de tôles de fer de $1^{m/m}$ d'épaisseur, des objets en tôle de fer offrant au maximum une épaisseur de $11/10^{mes}$ de $^{m/m}$; soit de fers en barres d'une section transversale de 0^m0002 $/^m$ carrés, des objets fabriqués avec des fers atteignant $0^m000220$ $^{m/m}$ carrés. On imputera de même, sur des fers ou des aciers irréguliers d'un poids de 3 kil. par mètre courant, des produits provenant de fers ou d'aciers de même forme que ceux décrits, mais pouvant peser jusqu'à 3 kil. 30 par mètre courant. *(Circ. lith. du 20 décembre 1869.)*

Par grosse fabrication, on entend les machines, ponts, dragues, navires, bateaux (1) et autres produits analogues qui ne sont ordinairement fabriqués qu'en vertu de commandes.

Les objets de fabrication courante sont ceux qu'on prépare le plus souvent d'avance comme approvisionnement de magasins pour les besoins de ventes journalières. *(Circ. n° 1093.)*

On ne comprend pas dans une même soumission, des métaux dont la réexportation est assujétie à des délais différents. *(Circ. n° 1093.)*

P. 496, 1er §. Les intéressés déclarent à l'entrée et le service indique dans les soumissions, série N, n° 46 D, et sur les formules, série N, n° 51 bis (extraits de soumissions) (2) :

1° La *dimension transversale* pour les fers de petite dimension (4 centimètres carrés de section et 5 millimètres d'épaisseur ou moins) et pour les aciers en barres de toute dimension ; 2° les *épaisseurs* pour les feuillards, les tôles de fer ou d'acier (3) et les cuivres laminés ; 3° la *forme et le poids, par mètre courant, des barres* pour les fers et aciers laminés de formes irrégulières. *(Arrêté min. du 19 mars 1868, art. 5, et Circ. lith. du 2 juillet 1868.)*

Il faut aussi énoncer l'origine et le mode de transport des métaux provisoirement introduits. *(Circ. lith. du 8 août 1868.)*

Les fers et autres métaux énumérés au n° 566 doivent être transportés dans les usines autorisées à les mettre en œuvre (*Décret du 9 janvier 1870, art. 2; Circ. du 9 février suivant, n° 1125.)*

Lorsque les usines sont établies dans les localités mêmes où se trouve le bureau d'importation, les métaux y sont conduits sous escorte. Quand il s'agit d'usines éloignées, les agents escortent les métaux jusqu'à la gare du chemin de fer ou jusqu'au bateau, après que les intéressés se sont engagés (4) à justifier de l'arrivée à destination, soit par un certificat de la douane si elle y a un service, ou, dans le cas contraire, par un certificat du chef de gare de la dernière station, soit par la repré-

---

(1) Rails *(Circ. lith. du 7 mai 1868)* lorsqu'ils pèsent plus de 20 kil. par mètre courant. (*Circ. lith. du 20 décembre 1869.)*

(2) Pour chaque soumission, le service délivre autant d'extraits partiels que le déclarant le demande, en ayant soin de faire suivre des mots *et dernier* la lettre désignative du dernier extrait. (*Circ. lith. du 6 janvier 1869.)*

La date des extraits doit être celle de la soumission. (*Circ. lith. du 9 novembre 1868.)*

(3) Il faut indiquer par fraction de 10mes de millimètre l'épaisseur des tôles. (*Circ. lith. du 6 janvier 1869.)*

(4) Par la soumission d'admission temporaire déterminant le délai accordé pour le trajet, en raison des distances et des moyens de transport, et imposant l'obligation de rapporter, vingt jours après l'expiration de ce délai, les certificats prescrits. (*Circ. auto. des 5 juillet 1870 et 14 novembre 1872.)*

sentation de la lettre de voiture dûment acquittée et revêtue du visa du receveur du dernier bureau de navigation ou du dernier bureau de péage, selon que les transports s'effectuent par des rivières ou des canaux soumis aux droits de navigation intérieure, ou par des canaux appartenant à des particuliers. (*Circ. n° 1125.*)

A défaut de production de cette justification, les intéressés se trouveraient passibles des pénalités résultant de l'art. 5 de la loi du 5 juillet 1836, et il y aurait lieu de diriger contre eux des poursuites à cet effet. (*Circ. auto. du 14 novembre 1872.*)

2ᵉ §, *ajouter* : des *fontes brutes*, que des fontes moulées (à l'exception des fontes moulées pour lest de navires); des fers et aciers laminés ou forgés, en barres, tôles, feuillards ou fils (1) (2).

3ᵉ §, *ajouter* : savoir : des fers et aciers laminés ou forgés, en barres, tôles, feuillards ou fils (2).

4ᵉ §, concernant les *massiaux de fer*, 1ʳᵉ ligne, *après* fers, *mettre* ou aciers. 3ᵉ ligne, à tôles, *ajouter* de fer ou d'acier n'excédant pas 2 millimètres (2).

2° *bis.* Des *massiaux d'acier*, lingots d'acier fondu. Mêmes indications qu'à l'art· 2°, sauf que tous les objets doivent être en acier.

2° *ter.* Des *fers en barres* (3) ayant plus de 4 centimètres carrés de section et plus de 5 millimètres d'épaisseur, des ouvrages ou pièces fabriquées en fer ou en acier (2) (4).

5ᵉ §. Des *fers*, etc. (3). *Mettre en note* : Les ouvrages en tôle et en acier ne peuvent être admis en compensation des fers de petite dimension.

Les fils de fer tréfilés, ayant 2 millimètres de diamètre au moins, peuvent être admis à la décharge de fers en barres rondes ou en verges d'un diamètre supérieur (5). *(Circ. lith. du 11 octobre 1869.)*

6ᵉ §. *Ajouter* : et d'un poids, par mètre courant, égal ou inférieur.

7ᵉ §. *Rayer la note 4 et ajouter* : Les tôles de fer brunes, laminées à chaud, peuvent être compensées aussi soit par des tôles étamées (fers-blancs), soit par des tôles plombées et des tôles zinguées ou galvanisées, d'une épaisseur identique. (*Circ. lith. du 6 janvier 1869.*)

Les cuivres purs ou alliés introduits ne peuvent être compensés que par des objets de cuivre de même composition.

P. 497, 1ᵉʳ §, 2ᵉ ligne, en note. Les ouvrages en tôle d'acier ne sont pas reçus en compensation des barres d'acier. Les aciers en barres peuvent être compensés par des aciers laminés *à froid*, d'une épaisseur égale ou inférieure. *(Circ. lith. du 1ᵉʳ août 1868.)*

Quant aux demandes de décharges des aciers en barres par des produits susceptibles d'être considérés sous le rapport du tarif comme ouvrages, bien que le commerce ne leur attribue pas en général cette qualification, il convient de les écarter

---

(1) Les fontes de moulage ne peuvent être compensées que par des ouvrages en fonte moulée. (*Décret du 9 janvier 1870, art. 1ᵉʳ; Circ. du 9 février suivant, n° 1125.*)

(2) Et les ouvrages ou pièces fabriquées en fer ou en acier, quelles que soient les formes ou dimensions des métaux ouvrés entrant dans leur composition. (*Arrêté minist. du 19 mars 1868; Circ. n° 1093.*)

(3) Les fers obtenus au charbon de bois ne peuvent être compensés par des ouvrages fabriqués avec des fers au coke. (*Décret du 9 janvier 1870, art. 3; Circ. n° 1125.*)

(4) Le fer en barres ne peut être compensé par des aciers non ouvrés. (*Arrêté min. du 19 mars 1868; Circ. n° 1093.*)

(5) Le délai de réexportation peut être de six mois, s'il y a justification de commandes reçues de l'étranger. (*Circ. lith. du 11 octobre 1869.*)

provisoirement, sauf à transmettre des échantillons à l'administration. En effet, il ne saurait y avoir une corrélation absolue entre le degré de main-d'œuvre suffisant pour faire taxer des produits, à l'entrée, comme ouvrages, et celui nécessaire pour compenser, à la sortie, des objets dont l'admission en franchise n'a été accordée qu'en vue de transformations d'une certaine importance. (*Circ. lith. du 29 juin* 1868.)

2° §. A ce §, substituer celui-ci : *Aciers laminés de formes irrégulières,* que des ouvrages en acier fabriqués avec des aciers irréguliers de même forme et d'un poids, par mètre courant, égal ou inférieur.

Nota. Les bandages de roues en fer ou en acier, sans soudure, bruts de forge, les tubes en fer, en acier ou en cuivre pur ou allié, ne peuvent être admis temporairement que sous condition de l'emploi à l'identique. *(Arrêté min. du 19 mars 1868, art. 3; Circ. n° 1093.)*

Lorsqu'il n'y a pas eu de justification de commandes spéciales, lors de la demande d'autorisation (1), les objets admis à la sortie, en compensation des métaux bruts introduits, sont limités aux produits et ouvrages fabriqués désignés ci-après. *(Arrêté min. du 19 mars 1868, art. 2; Circ. n° 1093)* :

Objets en fonte. — Les fontes moulées de toute espèce, tuyaux de conduite, marmites, poids et tous autres ouvrages en fonte.

Objets d'un usage général. — Fers en barres ; tôles ; fers-blancs ; fers étamés, cuivrés, plombés ou zingués; fils de fer; bandes d'acier laminées, trempées; chaînes en fer, boulons à vis et écrous, vis à bois, clous et pointes ; tubes en fer, en acier, en cuivre pur ou en laiton.

Outils à main. — Scies, faux, faucilles, limes, burins, pelles à charbon, pioches, haches et autres gros outils tranchants; marteaux à main, enclumes et étaux.

Petites machines d'un usage courant. — Crics, poulies, palans, guindeaux, pompes, balances à bascule, charrues, socs de charrues et autres instruments aratoires.

Articles de ménage. — Pelles et pincettes, seaux, casserie. (*Même arrêté, art.* 4.)

A la sortie et à l'appui des demandes de décharge d'acquits-à-caution, il est présenté par les permissionnaires, certifié et signé par eux, un bordereau (2) détaillé des objets à exporter, indiquant pour chacun d'eux le poids des divers métaux entrant dans leur composition, savoir : 1° fonte moulée; 2° fers ouvrés de plus de 4 centimètres carrés de section et de plus de 5 millimètres d'épaisseur; 3° fers de 4 centimètres carrés de section ou de 5 millimètres d'épaisseur ou moins, fers en feuillards, verges ou fils et aciers en barres, feuillards, verges ou fils par catégories de dimensions transversales ; 4° fers ou aciers irréguliers par catégories de formes et de dimensions exprimées par le poids du mètre courant; 5° tôles de fer ou d'acier et cuivre laminés par catégories d'épaisseurs. (*Arrêté min. du 19 mars 1868, art.* 5.)

Un seul bordereau de détail est produit pour chaque exportation, lors même qu'elle s'applique à plusieurs soumissions reçues à des bureaux différents. On le joint à l'un des extraits de soumission, de préférence à l'un de ceux complètement apurés, en indiquant sur les autres le numéro, la date et le bureau d'émission de celui auquel le document a été annexé. Tous les extraits de soumission sur lesquels une exportation unique doit être imputée sont présentés simultanément au service. (*Circ. lith. du 2 juillet* 1868.)

Les certificats de visite et d'exportation doivent être revêtus du visa du chef de service et du cachet de la douane.

---

(1) Ou si les extraits de soumission n'indiquent pas les produits de fabrication courante à exporter. (*Circ. lith. du 29 juin* 1868.)

(2) Ces bordereaux seront annexés sous cachet à l'expédition de douane et envoyés ainsi au bureau d'importation. (*Circ. n° 1093.)*

Dans le cas où il a été levé des passavants pour la sortie, par un autre bureau, des produits fabriqués, ces certificats sont apposés sur les extraits série M, n° 51 *bis*, après que les passavants sont rentrés régularisés et rappellent exactement la date des opérations qu'ils attestent.

On ne doit pas inscrire de certificat de décharge sur les extraits. (*Circ. lith. du 6 janvier* 1869.)

Le service peut, sans attendre le départ des navires exportateurs, régulariser les extraits sur la seule constatation de l'embarquement des produits fabriqués. (*Circ. man. du 5 novembre* 1868.)

Pour les fabrications courantes spécifiées en l'art. 4 de l'arrêté min. du 19 mars 1868 et à l'égard desquelles aucune justification de commande n'est obligatoire, les chefs locaux peuvent autoriser des changements de destination, c'est-à-dire permettre, par exemple, l'envoi en Algérie ou aux colonies françaises d'objets devant, aux termes de l'ouverture de crédit, être dirigés sur l'étranger. Ils doivent d'ailleurs engager les intéressés à désigner complétement, à l'avenir, dans leurs demandes de crédits, les pays de destination. (*Circ. lith. du 8 août* 1868.)

Dernier §. A l'expiration du délai de chaque soumission, le service doit, pour les soldes non apurés, les déchets de main-d'œuvre compris, percevoir d'office le simple droit d'importation, avec intérêt à 5 p. 0/0 (*V.* n° 541, 2e §), sur le déficit, lorsqu'il ne dépasse pas 10 p. 0/0 en poids de l'ensemble des métaux faisant l'objet de l'engagement. Quand ce déficit excède 10 p. 0/0, ou si, inférieur à ce taux, il se rattache à une contravention constatée à la sortie, l'administration est mise en mesure de statuer. (*Circ. lith. du 13 août* 1868.)

Pour statuer au sujet de l'apurement d'un extrait partiel, l'administration doit connaître l'ensemble des faits relatifs à une même soumission. (*Circ. lith. du 6 janvier* 1869.)

225—569. 1er §. Rayer toute indication concernant les tissus de coton purs ou mélangés, ces tissus étant exclus par décret du 9 janvier 1870 (*Circ. n°* 1130), de l'admission temporaire.

3e §. *A* six *substituer* quatre mois. (*Décret du* 17 *décembre* 1868; *Circ. du* 24, n° 1109.)

226—570. 4e §. *Ajoutez :* et Circ. du 20 juillet 1868, n° 1098.

Dernier §. Le service peut régulariser les acquits-à-caution sur la seule constatation de l'embarquement des farines dans le délai légal. (*Circ. man. du* 3 *mai* 1869.)

227—71 S. 3e §. *Mettre en note :* Sur la demande spéciale du déclarant, des poudres blanches au-dessus du n° 20 peuvent être considérées comme vergeoises et admises, poids pour poids, à la décharge de sucres bruts des n°s 15 à 18 ou des numéros inférieurs; de même, on peut compenser une quantité de sucres bruts de ces numéros par une quantité égale de vergeoises de catégorie relativement supérieure. (*Circ. man. du* 22 *mars* 1869.)

4e §, 1re ligne, à n° 10, *substituer* n° 7; *ajouter :* Décret du 3 janvier 1870, Circ. du 23 février suivant, n° 1126.

De nouveaux types ont été adressés au service. Les flacons des anciens types servent à recevoir les échantillons à comparer. (*Circ. lith. des* 11 *mars* 1868, 22 *février* 1869 *et* 12 *avril* 1872.)

Le bureau qui a reçu les déclarations de sortie délivre les certificats d'exportation n° 7 et comprend les sucres dans ses relevés statistiques, que le passage à l'étranger s'effectue immédiatement ou qu'une seconde douane l'ait constaté. (*Circ. auto. des* 14 *mai et* 30 *décembre* 1869.)

On peut régulariser les acquits-à-caution sur la seule constatation de l'embarquement des sucres dans le délai légal. (*Circ. man. du 3 mai 1869.*)

228—571 *bis* et **72** S. 1er §. La loi du 19 mai 1866 sur l'admission en franchise des objets destinés à la marine marchande française (1) a été abrogée par la loi du 30 janvier 1872, art. 7.

Les marchandises importées pour la construction, le gréement, l'armement ou l'entretien des bâtiments destinés à la marine marchande française doivent donc supporter les conditions générales du tarif. — Toutefois, cette disposition reste provisoirement sans effet à l'égard des produits ayant cette destination et provenant des pays, l'Espagne exceptée, avec lesquels la France est liée par des traités depuis 1860 : les importations effectuées desdits pays, en vue des constructions navales françaises, continueront à jouir de la franchise, sous les conditions et formalités rappelées au nº 72 S. (*Circ. du 4 février 1872, nº 1153.*)

Note 3. L'admission temporaire est applicable soit aux bateaux-remorqueurs (*Circ. lith. du 21 juillet 1868*), soit aux filets, lignes et autres engins destinés à l'armement des bateaux de pêche maritime, et, par conséquent, aux matières premières propres à la fabrication de ces objets. Toutefois, les fils de coton retors pour filets ne peuvent être reçus que sur une autorisation spéciale du Département du Commerce, avec soumission de représentation au bureau d'entrée, compensation poids pour poids et nº pour nº, à vue des échantillons prélevés sur chaque espèce et mise à bord des filets dans un délai de 6 mois. (*Circ. lith. du 4 décembre 1869.*)

Au régime des remplacements à l'étranger, par suite d'accidents de mer, V. nº 621, est substitué celui des admissions résultant de la loi du 19 mai 1866. (*Déc. du 1er mai 1869.*)

§ 9, 4e ligne, *après* douane, *mettre* : doit référer de toute demande formée par les soumissionnaires, dans le but de se libérer moyennant le paiement du simple droit d'entrée (*Circ. auto. du 26 novembre 1872.*) (2).

§ 20. On n'admet à la décharge des soumissions relatives : 1º aux fers en barres de forme régulière ayant 4 centimètres carrés de section ou moins, ou 5 millimètres d'épaisseur et au-dessous, que des fers de dimensions égales ou inférieures ou des ouvrages qui en proviennent;

2º Aux tôles de fer ayant 2 millimètres d'épaisseur ou moins, que des tôles ou des ouvrages fabriqués avec des tôles n'excédant pas cette épaisseur. En outre, l'épaisseur des tôles de 2 millimètres ou moins doit être constatée par dixième de millimètre.

Les soumissions et les acquits-à-caution doivent mentionner pour les fers la section transversale, et pour les tôles de 2 millimètres ou moins, l'épaisseur mesurée au dixième de millimètre. Si les déclarations ne présentaient pas les dimensions des produits, le service les établirait d'office. (*Circ. du 28 février 1870, nº 1128.*)

229—73 S. Note. A défaut de réexportation dans le délai de six mois, les marchandises supportent les droits d'entrée ou une taxe de 36 p. 0/0 de la valeur, selon qu'elles sont tarifées ou prohibées. (*Circ. lith. du 11 avril 1872.*)

---

(1) Les navires étrangers sont exclus du bénéfice de ce régime. (*Circ. lith. du 12 décembre 1868.*)

(2) Il est adressé à l'administration (1re division), à l'expiration de chaque trimestre, un état des métaux bruts importés par chaque direction. (*Circ. auto. du 26 novembre 1872.*)

230—571 quater. *Sucre et cacao destinés à la fabrication du chocolat.*
(*Décret du 5 juin 1872; Circ. du 14, n° 1167.*)

L'importation doit avoir lieu par les points où il existe un entrepôt réel.

La réexportation dans un délai de quatre mois par les douanes de Paris, Bordeaux, Bayonne, Marseille (*même décret, art. 2 et 4*) et Lille (*Décret du 29 août 1872; Circ. n° 1174*), doit comprendre 100 kil. de chocolat pour 53 kilogrammes de cacao et 60 kilogrammes de sucre brut des n°s 10 à 14.

Pour la balance des comptes, les sucres de toute qualité seront ramenés à la classe des n°s 10 à 14, d'après les bases suivantes :

100 kil. de sucre au-dessous du n° 7 seront comptés pour 76 kil. 10 de sucre des n°s 10 à 14.

100 kil. de sucre des n°s 7 à 9 inclusivement, pour 90 kil. 90 de sucre des n°s 10 à 14.

100 kil. de sucre des n°s 15 à 18 inclusivement, pour 106 kil. 80 de sucre des n°s 10 à 14.

100 kil. de sucre des n°s 19 et 20 inclusivement, pour 109 kil. 10 de sucre des n°s 10 à 14.

100 kil. de sucre poudres blanches au-dessus du n° 20, pour 111 kil. 35 de sucre des n°s 10 à 14.

100 kil. de sucre raffiné, pour 113 kil. 60 de sucre des n°s 10 à 14. (*Décret du 5 juin 1872, art. 2.*)

Quelle qu'en soit la qualité, la quantité qu'ils représentent en sucre de cette catégorie devra par conséquent être exprimée dans les soumissions, et elle servira de base pour la prise en charge et pour la décharge des comptes. S'il s'agissait, par exemple, de 10,000 kil. de sucre au-dessous du n° 7, la soumission porterait cette mention : « Représentant 7,610 kil. de sucre des n°s 10 à 14. » (*Circ. n° 1167.*)

Pour la décharge des soumissions (1), il ne sera admis que les chocolats valant, au moins, en fabrique, 2 fr. 70 cent. le kil. (droit de douane compris) et entièrement purs, c'est-à-dire composés exclusivement de pure de cacao et d'aromates (vanille, cannelle, etc.), sans mélange d'aucune autre substance. Ils devront être revêtus de l'étiquette ou de la marque du fabricant. (*Même Décret, art. 3.*) Les fabricants pourront seuls faire les déclarations de sortie sous leur responsabilité personnelle. (*Circ. n° 1167.*)

Toute manœuvre ayant pour objet de faire admettre comme purs des chocolats mélangés entraînera pour le fabricant la déchéance du régime de l'admission temporaire, indépendamment des pénalités énoncées au n° 541. (*Même Décret, art. 5.*)

Exportations.

231-574. Bien que les marchandises présentées soient exemptes de droits de sortie, il convient qu'à intervalles plus ou moins rapprochés, suivant la nature des opérations, et même chaque jour, quand celles-ci sont nombreuses, le service exige l'ouverture de quelques colis. En cas de fausse déclaration, on requiert l'application du n° 176, 1er §. (*Circ man. du 30 avril 1869.*)

Navigation.

232—76 S. 1er §. Les droits d'entrée fixés par la loi du 30 janvier 1872,

_____

(1) Les chocolats expédiés à destination de l'Algérie ne peuvent être imputés à la décharge des obligations de sucres et de cacaos. (*Décret du 20 janvier 1873; Circ. du 27, n° 1190.*)

art. 5, pour les navires étrangers importés en France ou en Algérie pour la francisation, ne sont pas actuellement applicables aux bâtiments des divers pays, sauf l'Espagne, avec lesquels il existe des traités depuis 1860. Les navires de ces Etats restent admissibles au droit de 2 fr. par tonneau de jauge. (*Circ. du 4 février* 1872, n° 1153.)

Note. *Ajouter :* et aux bateaux-remorqueurs. (*Circ. lith. du 21 juillet* 1868.)

4e §. Dès que le navire est arrivé en France, le bureau du port d'attache reçoit les titres de propriété et la soumission de francisation, et applique définitivement aux droits la somme reçue par transfert. (*Déc. du 4 décembre* 1869.)

233—620. Dernier §, en note. Le nom des yachts de plaisance (V. n° 643, note 14) peut être changé.

Les receveurs doivent indiquer, sur les projets d'acte de francisation produits pour l'application de cette disposition, le motif de la demande d'un nouveau brevet. Quant aux yachts de 10 tonneaux et au-dessous, (V. n° 623), les receveurs peuvent délivrer un nouveau congé sous le nom nouveau et rappelant l'ancien. (*Circ. lith. du 20 juin* 1868.)

P. 550, 6e §, V. n° 228 S.

234—623. Aucune francisation de navires construits en France ou importés de l'étranger n'a lieu qu'après communication au service de l'enregistrement d'un double de la déclaration soit des armateurs complétée par le résultat de la vérification et du jaugeage, soit de l'importateur mentionnant le jaugeage et le paiement de la taxe d'entrée. Le receveur de l'enregistrement certifie sur cette déclaration que le droit de mutation n'est pas dû ou qu'il a été acquitté, et il la renvoie au receveur des douanes pour faire souscrire alors les soumissions de francisation. (*Circ. du* 10 *mai* 1872, n° 1162.)

Les certificats inscrits par les receveurs de l'enregistrement sur les actes de vente ou sur les déclarations, ainsi que les certificats relatifs aux mutations de propriété par succession ou donation, doivent être textuellement reproduits sur les soumissions de francisation ou sur les soumissions de transfert, soit qu'il y ait eu perception, soit qu'il y ait eu exemption du droit de mutation. (*Même Circ.*)

235—629. En cas de changement de propriété, le service des douanes doit exiger que le receveur de l'enregistrement ait certifié le paiement des droits de mutation. V. n° 234 S. (*Circ. du 10 mai* 1872, n° 1162.)

236—638. Les navires français ou étrangers, venant en France ou en Algérie, de l'étranger ou des Colonies et possessions françaises, chargés en totalité ou en partie, acquittent, pour frais de quai, un droit fixé par tonneau de jauge, savoir :

Pour les arrivages des pays d'Europe et du bassin de la Méditerranée. . . . . » 50 ces

Pour les arrivages de tous autres pays. . . . . 1 » décimes compris.

En cas d'escales successives dans plusieurs ports pour le même voyage, le droit n'est payé qu'à la douane de prime abord. (*Loi du 30 janvier* 1872, art. 6; *Circ. du* 4 *février* 1872, n° 1153.)

Sont exemptés du droit de quai les navires sur lest, les bâtiments de guerre, les yachts de plaisance et les navires en relâche forcée qui ne feront aucune opération de débarquement; les navires en cabotage; les navires français de pêche, (petite pêche, grande pêche). (*Circ. n°* 1153), y compris ceux dits *chasseurs* qui rapportent les produits des premières campagnes de pêche. (*Circ. man. du* 11 *juin* 1872.)

Les paquebots à vapeur faisant escale sur les côtes de France, pour prendre ou laisser des voyageurs, ne sont assujettis qu'à raison, selon leur provenance, de 0,50 c. ou de 1 fr. par passager embarqué ou débarqué, alors même qu'il existe à bord des marchandises. On accorde d'ailleurs les tolérances admises pour l'application des anciens droits de tonnage. *V.* n° 643, note 4. (*Circ. du 13 décembre 1872, n° 1181.*)

Sels.

237—674. La taxe peut être acquittée au moyen de mandats délivrés sur versement de fonds par les trésoriers-généraux de l'intérieur, payables à 10 jours de date à la caisse du receveur-général du département où le sel est livré à la consommation, et remis pour comptant au receveur principal des douanes. (*Circ. man. du 29 mars 1870.*)

238—689. 5ᵉ §. Lorsque l'examen sommaire et extérieur de la cargaison, le tirant d'eau du navire et les circonstances de la navigation ne font naître aucun soupçon d'abus en cours de transport, le chef local peut dispenser de la vérification effective, en admettant pour conforme le poids énoncé en l'acquit-à-caution, les chargements de sels en cabotage déclarés pour la consommation immédiate, sans entrer dans l'entrepôt. Il convient, à moins que le destinataire ne demande sur sa déclaration une vérification approfondie, de ne procéder à la pesée qu'à de rares intervalles et à titre comminatoire. (*Circ. manusc. du 29 février 1872.*)

239—704. P. 83, 4ᵉ §. Le directeur adresse en janvier à l'administration (2ᵉ division, 5ᵉ bureau) un état indiquant, pour chaque atelier, la quantité de sardines préparées à l'huile pendant l'année précédente. (*Circ. man. du 14 juillet 1868.*)

240—710. 4ᵉ §, en note. Le service ne doit mettre aucun obstacle à l'enlèvement de toute quantité d'eau de mer destinée à être répandue sur les terres ou sur les fumiers, ou à préparer ou fabriquer des engrais. (*Circ. man. du 28 avril 1869.*)

241—711. 1ᵉʳ §, ajouter : *Décret du 8 novembre 1869, art. 4; Circ. du 30, n° 1123* (1).

242—714. *Rayer, par suite du Décret du 8 novembre 1869, art. 5.*
Sels neufs français livrés en franchise de droits pour la nourriture des bestiaux, la préparation des engrais ou l'amendement direct des terres. (*Décret du 8 novembre 1869; Circ. du 30, n° 1123.*)
Ces sels sont préalablement dénaturés au moyen de l'un des mélanges indiqués ci-après :
Pour 1,000 kilogrammes de sels, on pourra employer, au choix des intéressés :

Pour la nourriture du bétail.

1° 200 kilogrammes de tourteaux oléagineux;
2° 300 kilogrammes de pulpes pressées de betteraves ou de marcs de fruits;
3° 5 kilogrammes de peroxyde rouge de fer (colcotar ou rouge de Prusse),
  100 kilogrammes de tourteaux oléagineux;

----

(1) Les dispositions énoncées au n° 242 S peuvent être appliquées aux sels immondes (n° 711), lorsque les intéressés en font la demande. (*Circ. n° 1123.*)

4° 5 kilogrammes de peroxyde rouge de fer,
   200 kilogrammes de pulpes pressées de betteraves ou de marcs de fruits;
5° 5 kilogrammes de peroxyde rouge de fer,
   10 kilogrammes de poudre d'absinthe,
   10 kilogrammes de mélasse ou de goudron végétal ;
6° 5 kilogrammes de peroxyde rouge de fer,
   10 kilogrammes de suie ou de noir de fumée,
   10 kilogrammes de goudron végétal ;
7° 5 kilogrammes de peroxyde rouge de fer,
   20 kilogrammes de goudron végétal ; .

Pour la préparation des engrais ou pour l'amendement direct des terres.

8° 30 kilogrammes d'ocre ferrugineuse ou de minerai de fer en poudre fine,
   30 kilogrammes de goudron provenant de la fabrication du gaz,
   30 kilogrammes de guano, de poudrette, de matières fécales, de fumier d'étable
     consommé ou d'autres engrais d'origine animale ;
9° 30 kilogrammes de sulfate de fer,
   120 kilogrammes de guano, de poudrette, de matières fécales, de fumier d'étable
     consommé ou d'autres engrais d'origine animale ;
10° 60 kilogrammes de plâtre cru ou cuit ou de plâtras en poudre fine,
   150 kilogrammes de guano, de poudrette, de matières fécales, de fumier d'étable
     consommé ou d'autres engrais d'origine animale. (*Même Décret, art.* 1er.)

Le mélange sera opéré aux frais des intéressés, sous la surveillance du service des douanes, quand il s'agira des localités où ce service est établi, ou de celui des contributions indirectes.

Il ne pourra avoir lieu que dans les marais salants, salines, fabriques de sels, bureaux d'importation, entrepôts généraux des douanes, fabriques de produits chimiques *soumises* à l'exercice, ou dans les autres établissements qui seraient autorisés à cet effet, sous les conditions déterminées par le Ministre des Finances. (*Même Décret, art.* 2.)

Quel que soit le procédé de dénaturation, les sels devront être préalablement réduits en poudre fine et amenés à un état de mélange intime avec les autres substances. Ces deux conditions essentielles doivent toujours être remplies. (*Même Décret, art.* 1er ; *Circ.* n° 1123.)

Les sels dénaturés qui ne seront pas livrés immédiatement à l'agriculture seront placés en dépôt, sous le régime de l'entrepôt réel. (*Même Décret, art.* 2.), soit dans les lieux mêmes où la dénaturation aura été effectuée, soit dans des dépôts spéciaux qui pourront être établis sur tous les points où il existe un poste ou un bureau de douane, et, pour les parties du territoire qui ne seront pas surveillées par le service des douanes, partout où se trouve un poste des contributions indirectes. (*Même Décret, art.* 3.)

Il n'y aura qu'un de ces dépôts par commune. Le local sera fourni par la municipalité ou par les particuliers qu'elle désignera, et il devra être préalablement agréé par le directeur des douanes ou par le directeur des contributions indirectes, suivant le service auquel il ressortira. Les fenêtres en seront solidement grillées et la porte fermée à deux clés, l'une pour le chef du service et l'autre pour l'entrepositaire. Aucune quantité ne pourra y entrer ni en être extraite autrement qu'en présence des employés et après vérification de leur part. L'expédition des lieux de dénaturation sur ces dépôts spéciaux sera faite par acquit-à-caution et en colis plombés, conformément aux dispositions des art. 18 et 19 de l'ordonnance du 26 juin 1841. Les sels resteront sous plombs dans les dépôts jusqu'à leur enlèvement. (*Circ.* n° 1123.)

Le transport chez les agriculteurs des sels dénaturés sera exempt de toute formalité. Lorsqu'ils retireront ces sels, soit des lieux de dénaturation, soit des dépôts spéciaux, les agriculteurs auront seulement à remettre au chef du service local une déclaration indiquant, avec leur profession et leur domicile (commune et département), les quantités dont ils prendront livraison et la destination qu'elles devront recevoir (*nourriture du bétail, préparation des engrais ou amendement des terres*). Ceux qui n'agiront pas par eux-mêmes pourront donner par simple lettre l'autorisation de les représenter. (*Circ. nᵒ* 1123.)

Les directeurs pourront faire remise des déchets qui seront reconnus, soit à l'arrivée dans les dépôts des sels dénaturés, soit à leur sortie des entrepôts ou des dépôts, lorsque ces déchets auront peu d'importance et qu'il n'existera aucune présomption de fraude. Dans le cas contraire, il y aurait lieu d'appliquer les peines édictées par l'art. 13 de la loi du 17 juin 1840. Il en serait de même si le service avait à constater que des sels livrés en franchise pour l'agriculture ont été détournés de leur destination.

Les directeurs des lieux d'expédition adresseront à l'administration un relevé mensuel, par département de *destination*, des quantités de sels dénaturés qui auront été ainsi livrées en franchise. Elles seront présentées dans l'ordre ci-après : *Quantités livrées pour la nourriture du bétail ; quantités livrées pour la préparation des engrais ;* enfin, *quantités livrées pour l'amendement direct des terres.* Les éléments de ces relevés seront fournis aux directeurs par les receveurs principaux. Un carnet spécial, série S, nᵒ 76, sera établi pour la tenue du compte des sels dénaturés. (*Circ. nᵒ* 1123.)

Régimes spéciaux.

243—719. L'impôt intérieur sur le papier (1), les allumettes chimiques, la chicorée moulue et l'huile de schiste (1) est applicable en Corse. (*Déc. min. du 23 septembre 1872 ; Circ. du 21 octobre suivant, nᵒ* 1179.)

244—730 *bis.* Sont seules exécutoires dans la principauté de Monaco les lois françaises concernant les douanes, les sels, les poudres, les cartes à jouer, les armes, les monnaies, les postes et les télégraphes. La législation sur le timbre et l'enregistrement n'y est pas appliquée ; de sorte que les connaissements qui peuvent y être créés doivent être soumis dans les ports de France aux droits dont sont passibles les connaissements venant de l'étranger. *V.* nᵒ 278 S. (*Circ. man. du 21 août 1872.*)

245—732. Les dispositions de la loi du 30 janvier 1872, rappelées aux nᵒˢ 12, 15, 618 et 638, sont applicables en Algérie. (*Loi du 30 janvier 1872, art. 4 ; Circ. du 4 février suivant, nᵒ* 1153.)

246—761. 3ᵉ §. Les marchandises de transit dirigées en mutation d'entrepôt sur la Martinique ne font l'objet ni d'acquit-à-caution ni de passavant, les taxes de douane ayant été remplacées dans cette colonie par un tarif d'octroi. (*Circ. lith. du 25 mars 1868.*)

247—774. 4ᵉ §. Pour la Réunion, il faut délivrer un acquit-à-caution de mutation d'entrepôt, indiquant l'origine primitive des produits admis temporairement. (*Circ. lith. du 16 septembre 1868.*)

---

(1) Le papier et l'huile de schiste arrivés de France sont considérés comme libérés de l'impôt lorsqu'ils ne sont pas accompagnés d'un acquit-à-caution des contributions indirectes énonçant que le droit n'a pas été perçu. (*Circ. nᵒ* 1179.)

248—776 et **778.** *Aux articles rappelant le décret du 24 décembre 1864, ajouter :* et loi du 11 juillet 1868.

249—777. 1er §. Les produits de toute nature et de toute provenance peuvent être importés par tous pavillons dans les divers établissements français d'outre-mer.

Les produits chargés dans ces établissements peuvent être exportés pour toute destination et par tout pavillon. (*Décret du 9 juillet 1869; Circ. du 30 août suivant, n° 1121.*)

250—778. 1er §. p. 164. *Substituer à ce § celui-ci :* Les produits chargés à Saint-Louis (Sénégal), à Gorée ou dans les dépendances (1) de Gorée, sur des navires étrangers et importés en France, sont assujettis à une surtaxe de pavillon de 20 fr. par tonneau d'affrétement. (*Décret du 24 décembre 1864, art. 5; Loi du 11 juillet 1868, art. 3, et Décret du 19 février 1868, art. 3; Circ. du 29 octobre suivant, n° 1103.*)

Les poissons (de mer) salés, provenant de pêches pratiquées au Sénégal, à Gorée et à Dakar, sont admis en franchise sous les conditions suivantes : 1° Les navires de pêche doivent être français et escortés par des équipages entiers composés de Français; 2° le sel destiné à la préparation des poissons sera tiré de France et expédié au lieu de pêche sous pavillon national; 3° les poissons seront apportés en France par des navires français, qui seront tenus soit de se rendre directement du Sénégal au port français de destination, soit de ne point embarquer de poisson salé dans les ports étrangers où ils feront escale; 4° l'intéressé devra fournir, pour chaque importation, un certificat de l'autorité coloniale énonçant l'origine et la nature des poissons importés, ainsi que le nombre, le poids et les marques des fûts, et attestant en outre l'accomplissement des obligations imposées sous les n°s 1 et 2. (*Déc. min. du 15 novembre 1872, transmise le 29.*)

251—779. 2e §. Les marchandises de toute nature et de toute provenance peuvent être importées par tous pavillons dans les établissements français de la Côte-d'Or et du Gabon. (*Décret du 12 septembre 1868, art. 1er; Circ. du 29 octobre suivant, n° 1103.*)

4e §. Les produits chargés dans ces établissements sur des navires étrangers et importés en France sont assujettis à une surtaxe de pavillon de 20 fr. par tonneau d'affrétement. (*Même Décret, art. 4.*)

Rayer le 5e §, par application de la Circ. du 18 janvier 1869, n° 1111.

Rayer le dernier §. (Circ. n° 1111.)

252—784. P. 171, 8e §, *ajouter :* aux déchets ou brisures de riz qui y auraient été manipulés. (*Tarif de 1869.*)

P. 173, 6e §. *Rayer à partir des mots* le refus (6e ligne).

Le recours aux experts, au sujet des marchandises originaires des pays contractants et dont on demande l'admission au bénéfice du tarif conventionnel (2), constitue, pour la douane comme pour le déclarant, un droit absolu. Lorsque l'une des parties

---

(1) Comprenant la côte située entre le cap Vert et la pointe Sangomar.

(2) A l'égard des produits importés dans les conditions du tarif général, l'action répressive à exercer par la douane, en cas de mésestimation, consiste uniquement dans la préemption, laquelle entraîne alors le paiement à l'importateur d'une somme égale à la valeur déclarée augmentée de 10 0/0. (*Circ. autog. du 2 décembre 1872.*)

réclame l'expertise locale, l'autre ne peut s'y soustraire. Sur le refus des déclarants, le service les fait sommer, par acte en due forme, d'avoir à choisir et désigner un expert qui concoure avec celui de la douane à l'expertise, en leur notifiant d'ailleurs, par le même acte, que faute par eux de le faire dans les 48 heures, il sera pourvu à la situation par toutes voies de droit. Si, à l'expiration de ce délai, les déclarants n'ont pas indiqué d'expert, on les cite devant le juge de paix, pour entendre ce magistrat en nommer un d'office et ordonner qu'au jour et à l'heure qu'il aura fixés, ledit expert et celui de la douane procéderont à l'expertise tant en l'absence qu'en présence des opposants. Dans le cas où, au jour de l'expertise, un désaccord se produirait entre les deux experts, le service s'adresserait au président du tribunal de commerce pour la nomination d'un tiers-arbitre, sauf à saisir le juge de paix de la connaissance de l'affaire, s'il devenait nécessaire d'assurer l'exécution de la sentence arbitrale par les voies juridiques. (*Circ. autog. du 9 mars 1868.*)

8º §, 2º ligne, *ajouter :* l'éther, le collodion, le chloroforme, le chloral anhydre ou hydraté, les vins. (*V. nº 274 S.*)

9º §. *Mettre à la 4º ligne :* éther, vins, etc. *Ajouter :* et circ. autog. du 10 décembre 1872.

La surtaxe exigible sur les savons transparents étrangers est perçue par la douane pour le compte de la régie des contributions indirectes. *V.* nº 785, 19º §, pour les cartes à jouer, et le nº 279 S, pour les papiers. (*Circ. autog. du 12 septembre 1872.*)

P. 174, 4º §, 2º ligne, *après le mot* Algérie, *mettre :* sauf à l'égard de l'Espagne.

Pour toutes les marchandises déjà tarifées, les restrictions d'entrée établies par le tarif général demeurent applicables aux importations effectuées dans les conditions des traités. (*Tableau des droits*, 1869.)

Quant aux produits qui étaient prohibés, V. nº 372, etc.

Les homards conservés au naturel, étant toujours de préparation américaine, ne doivent pas être admis au droit conventionnel. (*Circ. lith. du 19 février 1872.*)

Les lois nouvelles de 1871 ne concernent que les importations effectuées sous le régime du tarif général. Par exemple, pour les produits venant des pays avec lesquels il existe des traités de commerce, la surtaxe d'entrepôt reste fixée suivant les stipulations de ces conventions. (*Circ. du 9 juillet 1871, nº 1140.*) V. nº 151 S.

La convention de 1864, relative aux sucres, est indépendante des traités de commerce et exclusivement applicable aux puissances (Angleterre, Belgique et Hollande) qui ont contracté avec la France. (*Circ. man. du 27 juillet 1871.*)

Le tarif conventionnel résulte des traités conclus avec la Grande-Bretagne, la Belgique, l'empire ottoman, le royaume d'Italie (1), l'Allemagne, la Suisse, la Suède et Norwége, les Pays-Bas, l'Espagne, le Portugal et l'Autriche.

253—785. 5º §. Le coton en laine de l'Inde anglaise est admissible au bénéfice du régime conventionnel. Les cotons originaires des autres pays, situés entre le cap Horn et le cap de Bonne-Espérance, doivent être soumis, soit à la surtaxe de pavillon, s'ils sont importés du pays de production par un navire étranger non assimilé, soit à la surtaxe d'entrepôt, lorsqu'ils arrivent d'un pays d'Europe, indépendamment de la surtaxe de pavillon dont ils seraient passibles dans ce dernier cas, si leur transport avait lieu par mer sous un pavillon non assimilé. (*Circ. lith. du 18 mai 1872.*)

Rayer les 9, 10 et 11º §. V. nº 155 S.

---

(1) Les états de commerce comprennent, sous le nom d'Italie, les Etats-Romains et le royaume d'Italie. (*Circ. lith. du 10 décembre 1872.*)

17e §, 5e ligne, en note. A l'égard des cartes à jouer, fabriquées dans les pays, l'Espagne exceptée, avec lesquels la France a conclu des traités de commerce depuis 1860 et admises aux droits conventionnels, les bandes de contrôle doivent être collées sur toute leur longueur, et le service doit inscrire, sur la bande et sur l'enveloppe du jeu, un visa ainsi conçu : Vu pour valoir le timbre de contrôle. (*Circ. du 18 avril 1872, n° 1157.*)

19e §, 1re ligne. *Ajouter* : reprises aux recouvrements pour des tiers et...

100 S. *Rayer le* 3e §, *par suite de la Circ.* n° 1157.

254—104 S. 4e §. *Mettre en note :* Les îles du Portugal dites *adjacentes* sont considérées, quant à la provenance des produits, comme pays d'Europe. (*Tableau des droits, 1869.*)

255—106 S. *A* Zollverein *substituer* Allemagne. *Ajouter :* Villes anséatiques de Brême, Hambourg et Lubeck, grands-duchés de Mecklembourg-Schwérin et de Mecklembourg-Strélitz. (*Circ. des* 31 *août* 1868, *n°* 1100, *et* 4 *septembre suivant,* n° 1101; *Traité de Francfort de* 1871; *Circ. man. du* 7 *juin* 1871; *Circ. lith. des* 23 *mai et* 10 *décembre* 1872.)

107 S. *Rayer.*

108 S. *Rayer.*

256—795. *Rayer par suite de la Circ.* lith. du 11 mars 1868.

257—798. *Rayer* par suite de la Circ. lith. du 11 mars 1868.

258—813 *bis. Perse.* Sont admis au droit conventionnel de 10 p. 0/0 de la valeur, les tapis (tissés, de table ou en drap) importés soit directement des pays hors d'Europe, soit de Constantinople. (*Déc. min. du* 19 *avril* 1872; *Circ. auto. du* 7 *mai suivant.*)

Les tapis de Perse importés des pays d'Europe autrement que par la voie de Constantinople, supportent la taxe de 10 p. 0/0 et la surtaxe d'entrepôt de 3 fr. par 100 kilos. Les autres tapis d'Orient restent soumis au droit de 15 p. 0/0. (*Circ. auto. du* 19 *octobre* 1872.)

259—822. P. 205, *au* 5e §, *substituer celui-ci :* Quand les tabacs en feuilles, recueillis après naufrage et abandonnés par les intéressés, sont reconnus, par les agents de la Douane et de la Marine, comme étant dans un état de décomposition avancée, ne permettant pas de les utiliser après bénéficiement, la destruction en est effectuée sur place, en présence de ces agents qui le constatent par procès-verbal sur papier libre.

Les tabacs qui paraissent, au contraire, avoir conservé quelque valeur et pouvoir dès lors être employés dans les préparations de la régie, sont immédiatement dirigés sur la manufacture la plus voisine pour y être examinés. S'ils y sont jugés impropres à la fabrication, ils sont brûlés sous la surveillance de l'autorité administrative, en exemption de tous droits. Dans le cas où la manufacture les admet, après estimation, et si le navire naufragé venait d'un pays de production en Europe, la taxe résultant des lois des 7 juin 1820 et 9 juin 1845 est exigée. (*Circ. lith. du* 10 *juin* 1870.)

3

260—823. *Au 3e §, substituer celui-ci :*

	INDEMNITÉ DE SÉJOUR par journée de séjour. —	INDEMNITÉ DE ROUTE par kilomètre.	
		SUR LES VOIES ORDINAIRES.	SUR LES VOIES FERRÉES.
Inspecteur............	15f »	0f 225 (1)	0f 142
Receveur principal, sous-inspecteur, capitaine, receveur particulier, vérificateur, lieutenant.........	10 »	0 195 (1)	0 136
Brigadier, sous-brigadier, préposé..............	2 »	» » (2)	» »

(Décret du 12 janvier 1870 ; Circ. du 18 juillet 1870, n° 1131.)

261—827. *Rayer le 3e et le 4e §, et mettre :*

1° Du droit perçu sur 4 kilogrammes de sel pour 100 kilogrammes net de beurre salé exporté à destination des pays étrangers d'Europe ;

2° Du droit perçu sur 8 kilogrammes de sel pour 100 kilogrammes net de beurre salé exporté à destination des pays étrangers d'Europe, lorsqu'il est reconnu que cette proportion de sel a été employée à la salaison ;

3° Du droit perçu sur 12 kilogrammes de sel pour 100 kilogrammes net de beurre salé exporté à destination des colonies et des pays étrangers hors d'Europe. *(Décret du 19 février 1868, art. 1er ; Circ. du 3 mars suivant, n° 1086.)*

Les fraudes et fausses déclarations par lesquelles on chercherait à s'attribuer le bénéfice de l'article ci-dessus, hors le cas où il serait dû, donneront lieu à l'application de l'art. 17 de la loi du 21 avril 1818, V. n° 825. *(Même Décret, art. 2.)*

Lorsque le service jugera qu'il n'aura pas été employé à la salaison des beurres la quantité de sel représentative du droit dont on demandera la restitution, il sera prélevé un échantillon destiné à être soumis à l'expertise légale, et il sera dressé un acte conservatoire, au moyen duquel la marchandise restera à la disposition du déclarant pour suivre la destination. *(Circ. n° 1086.)*

La déclaration d'exportation est conservée dans les bureaux pour les vérifications des chefs de service. C'est un double revêtu de tous les certificats de vérification, etc., et sans annotation du droit de statistique, qu'on envoie à l'administration pour la liquidation de la prime.

A l'égard des exportations consommées dans le cours d'un mois pour le compte d'un même ayant-droit, un seul certificat d'origine nationale peut suffire. Autrement, la déclaration comporte le dépôt d'un nouveau certificat ou d'un extrait sur papier au timbre de dimension. *(Circ. man. du 28 juin 1872.)*

262—830. 2e Section, *ajouter :* Vintimille* (gare internationale) *(Circ. n° 1182.)*

263—901. 16e ligne, *ajouter :* L'exemption s'étend aux bâtiments exclusivement employés au transport des produits de la grande pêche, entre les points d'opération et les ports français de l'Océan. *(Circ. man. du 8 novembre 1869.)*

---

(1) Pour le parcours sur des routes non desservies par des voitures publiques, l'indemnité est élevée à 30 centimes. *(Circ. lith. du 14 mai 1872.)*

(2) En Algérie, les brigadiers, sous-brigadiers et préposés reçoivent, à titre de frais de route, en raison des difficultés de communication, 25 centimes par kilomètre. *(Circ. n° 1131.)*

264—921. 1ᵉʳ §, 1ʳᵉ ligne. *A* 1871, *substituer* 1881. (*Loi du* 3 *août* 1870 *et Décret du* 30 *novembre* 1871; *Circ. du* 7 *avril* 1872, *n°* 1155.)

265—946. 1ᵉʳ §, 1ʳᵉ ligne. *A* 1871, *substituer* 1881. (*Loi du* 3 *août* 1870 *et Décret du* 30 *novembre* 1871; *Circ. du* 7 *avril* 1872, *n°* 1155.)

266—960 et 963. Rayer ce qui a trait à l'agent spécial de la librairie à la frontière, la vérification étant laissée au service des douanes. (*Arrêté min. du* 1ᵉʳ *décembre* 1870 *et Circ. lith. du* 17.)

267—972. Dernier §. *Après le mot* Écosse, *mettre* : La gelinotte noire, la gelinotte blanche et le grand coq de bruyère de provenance russe. (*Circ. du* 14 *avril* 1868, *n°* 1092.)

268—972 bis. La pêche fluviale est interdite, savoir : du 20 octobre au 31 janvier, pour saumon, truite et ombre; du 15 avril au 15 juin, pour autres poissons (anguilles, lamproie, etc.,) et écrevisses. Cette interdiction ne s'étend pas à ceux des autres poissons qui vivent alternativement dans les eaux douces et les eaux salées. (*Décret du* 25 *janvier* 1868; *Circ. du* 8 *juin suivant*, *n°* 1094.)

Les poissons dont la pêche est ainsi temporairement interdite ne peuvent être ni importés, ni exportés pendant les périodes déterminées. (*Loi du* 31 *mai* 1865, *art.* 5; *Circ. n°* 1039.)

Mais les poissons provenant d'étangs ou de réservoirs peuvent en tout temps circuler, être importés ou exportés sous condition de justification de leur origine au moyen de certificats émanant des autorités du lieu d'extraction en France ou à l'étranger (1). (*Circ. n°* 1094.)

269—973. 1ᵉʳ §, *ajouter* : et Loi du 19 juin 1871; Circ. n° 1141.

11ᵉ §. *Rayer* les baïonnettes.

12ᵉ §. Concernant les armes blanches. *Ajouter* les baïonnettes et sabres-baïonnettes. (*Circ. lith. du* 10 *août* 1868.)

270—975. 1ᵉʳ §. Note. Les capsules de poudre fulminante de chasse sont admissibles à l'entrée; mais après le paiement des droits, il est délivré un acquit-à-caution indiquant la quantité introduite, avec le nom et la résidence du destinataire, et cet acquis doit être rapporté dans le délai de trois mois, revêtu d'un certificat de décharge de l'autorité municipale du lieu de destination. (*Loi du* 11 *juillet* 1868, *art.* 1ᵉʳ; *Circ. du* 16, *n°* 1097.)

4ᵉ §, *ajouter* : Hendaye (2). (*Circ. lith. du* 24 *janvier* 1868.) Belfort, Nancy (par Embermenil et Pagny.) *Circ. du* 25 *avril* 1872, *n°* 1158.)

---

(1) Les truites de toute dimension sont dans ce cas; mais on doit exclure, nonobstant la production de certificats, les saumons d'une longueur de 25 centimètres ou plus. (*Circ. man. du* 28 *décembre* 1868.)

(2) A l'importation, les armes ou pièces d'armes sont dirigées, sous plomb et avec un acquit-à-caution, sur un bureau où il existe un contrôleur d'armes.

A l'exportation, elles doivent être préalablement vérifiées dans un bureau de cette nature, d'où elles sont expédiées sur Hendaye, sous plomb et avec passavant.

En transit, le service d'Hendaye opère sans l'intervention d'un autre bureau, en se conformant aux règlements. V. n° 973. (*Circ. lith. du* 24 *janvier* 1868.)

271—986. Note 1. Pour les capsules de poudre fulminante de chasse, V. n° 270 S.

272—995. 5ᵉ §, note 2. *A cette note substituer celle-ci* : On n'applique qu'un plomb, au prix de 50 centimes. (*Circ. lith. du 2 juillet 1868.*)
Note 3. *Rayer* Napoléon-Vendée. (*Circ. n° 1106.*)

273—997. 4ᵉ §, 3ᵉ ligne. *Rayer les mots* sauf la retenue d'un tiers. *Ajouter* : et Loi du 30 mars 1872 ; Circ. n° 1163 (1).

274—1002. Les vins contenant plus de 14 centièmes d'alcool supportent les droits de douane et de consommation sur la quantité d'alcool dépassant cette limite, sans préjudice du droit d'entrée (sauf les vins des pays auxquels une tarification spéciale a été concédée par des traités.)
Pour déterminer la richesse alcoolique des vins, on se sert habituellement du *liquomètre* en usage dans les contributions indirectes. Si les résultats étaient contestés, on procéderait par la distillation au moyen de l'alambic.
Les vins ne peuvent être importés que par les bureaux indiqués au n° 380. Si des nécessités locales paraissaient de nature à motiver une exception pour des provisions de ménage, les directeurs auraient à prendre les ordres de l'administration.
Les boissons soumises aux droits de douane ne doivent être laissées à la disposition des intéressés que sur la représentation de titres de circulation régulièrement applicables à la nature et à la quantité des liquides et délivrés par le service des contributions indirectes et, s'il y a lieu, par l'octroi. (*Circ. du 16 juin 1869, n° 1118.*) V. n° 538, 784 et 1003.
A raison de l'élévation des taxes, les alcools doivent être vérifiés avec soin. (*Circ. autog. du 4 septembre 1872.*)

275—1004. Quand le plombage des contributions indirectes est intact, et à moins de soupçon de tentatives d'abus, on dispense de la visite à la sortie, par mer ou par terre, les caisses de vin de champagne et les autres boissons en bouteilles. (*Circ. lith. du 17 juin 1872.*)

276—1010. P. 362, 2ᵉ §, 1ʳᵉ ligne. *Après* échantillons, *mettre* : de cigares, etc. 4ᵉ ligne, *rayer les mots* : du plombage. *Ajouter* : et Circ. auto. du 17 octobre 1872.
5ᵉ §, 2ᵉ ligne. *A* 24 *substituer* : 35 fr. *Ajouter* : et Loi du 8 juillet 1871 ; Circ. auto. du 22 mars 1872.
6ᵉ §, 2ᵉ ligne. *A* 10 *substituer* : 25 fr. *Ajouter* : et Décret du 1ᵉʳ mars 1871 ; Circ. auto. du 22 mars 1872.
Dernier §. Pour les tabacs recueillis après naufrage, V. n° 259 S.

277—1013. P. 369. *Rayer les* §§ 7 à 11.
Les tabacs saisis seront expertisés en présence des saisissants, s'il est possible, par un conseil composé du directeur de l'arrondissement, de l'entreposeur et d'un délégué du service spécial des tabacs, ou, à défaut de ce délégué, d'un troisième agent de la régie, désigné par le directeur du département. Lorsque la saisie aura

---

(1) Le service doit s'attacher à déjouer les tentatives de réintroductions frauduleuses. (*Circ. lith. du 23 mai 1872.*)

été opérée par des agents du service des douanes, l'expertise aura lieu en présence d'un délégué de ce service.

Le dépôt des tabacs saisis doit être effectué à l'entrepôt de la circonscription où la saisie aura été opérée, excepté s'il s'agit de tabacs en feuilles vertes qui, devant toujours être détruits, seront dirigés sur le bureau de la régie le plus rapproché du lieu de la saisie, entrepôt, recette sédentaire, recette ambulante, simple poste d'employés où la destruction en sera opérée en présence d'un agent supérieur du service des contributions indirectes, délégué par le directeur du service et assisté de deux agents de la régie des contributions indirectes ou du service spécial des tabacs. (*Décret du 1er octobre 1872, art. 2; Circ. du 2 décembre 1872, n° 1180.*)

Le conseil d'expertise jugera si les tabacs saisis sont ou ne sont pas susceptibles d'être employés dans la fabrication.

Si les tabacs sont jugés propres à la fabrication du tabac ordinaire, ils seront payés à raison de 200 fr. par 100 kilogrammes. S'ils consistent en tabacs de cantine propres à être vendus sans préparation nouvelle, ils seront payés à raison de 150 fr. par 100 kilogrammes.

S'ils sont simplement jugés susceptibles d'être employés dans la fabrication du tabac de cantine, ils seront payés à raison de 125 fr. par 100 kilogrammes.

Ces primes, sous déduction de la part d'un tiers, réservée aux indicateurs, seront attribuées, savoir : un quart au Trésor; un quart à la caisse des pensions, et la moitié aux saisissants.

Quant aux tabacs qui ne seront pas jugés propres à la fabrication, ils seront détruits en présence des saisissants, et il sera accordé, à titre de prime, 50 fr. par 100 kilogrammes.

Cette prime, sous déduction de la part d'un tiers, réservée aux indicateurs, appartiendra intégralement aux saisissants. (*Même Décret, art. 3.*)

278—1015. Les connaissements et les récépissés de chemin de fer sont soumis à des droits spéciaux de timbre. (*Loi du 30 mars 1872; Circ. du 23 mai suivant, n° 1164.*)

Tout transport par mer et sur les fleuves, rivières ou canaux, dans le rayon de l'inscription maritime, doit être accompagné de connaissements (1). (*Même Loi, art. 3.*) Chacun des quatre originaux (*V.* art. 282 du Code de commerce) est assujetti au timbre; mais c'est sur celui qui est destiné au capitaine ou patron qu'est reportée, soit par le timbrage à l'extraordinaire, soit par l'apposition de timbres mobiles, la totalité des droits exigibles. Les trois autres originaux sont revêtus d'une estampille sans indication de prix, d'où il suit que *chaque connaissement étant en principe passible d'un droit fixé par la nouvelle loi au minimum du timbre de dimension (50 centimes, plus les décimes)*, il doit être perçu, sur le connaissement du capitaine, 2 fr. 40 (2).

---

(1) Les connaissements doivent être représentés même pour les emballages, caisses, paniers, etc., ayant servi à contenir des marchandises, et pour les petits colis d'échantillons. (*Circ. man. du 21 août 1872.*)

Il y a dispense de production de connaissements dans tous les cas où le service est autorisé, par les réglements généraux, à ne pas exiger de manifeste, par exemple, dans l'intérieur des rades. (*Circ. man. du 3 août 1872.*)

(2) Un décret du 24 juillet 1872 a établi des timbres mobiles se composant de deux empreintes : l'une indiquant le prix (2 fr. ou 1 fr. en principal), pour être apposée sur le connaissement du capitaine; l'autre désignée sous le nom d'estampille de contrôle, et qui doit être collée sur les autres originaux. (*Circ. man. du 16 septembre 1872.*)

Cette fixation comporte une exception au sujet des expéditions par le petit cabotage, pour lesquelles le droit de 2 fr. 40 est réduit à 1 fr. 20. Par petit cabotage, il faut entendre : 1° la navigation côtière entre les ports français de la Manche et de l'Océan ; 2° la navigation côtière dans la Méditerranée, non seulement entre les ports français de notre littoral, mais encore entre ces ports et ceux de la Corse (1).

Les connaissements venant de l'étranger sont soumis, avant tout usage en France, à des droits de timbre équivalents à ceux établis sur les connaissements créés en France (art. 4) (2). Mais comme il y a présomption, d'après la loi, que deux des originaux, *notamment quand il s'agit de navires étrangers*, ont été laissés à des parties qui résident hors de France, l'armateur et le chargeur, jusqu'à preuve du contraire, il ne sera perçu sur le connaissement en possession du capitaine qu'un droit de 1 fr. 20 représentant le timbre de ce connaissement et celui de l'original destiné au consignataire de la marchandise. Si les originaux qui sont réputés à l'étranger, et qui par ce fait échappent à la loi française, ou l'un des deux, venaient à être produits par le capitaine, il y aurait lieu d'exiger, suivant l'un ou l'autre cas, soit un droit supplémentaire de 1 fr. en principal, soit un droit supplémentaire de 50 centimes en principal.

Les connaissements venant des colonies françaises où le timbre n'est pas établi sont assujettis aux droits dans les mêmes conditions que les connaissements venant de l'étranger. Quant aux connaissements timbrés dans certaines colonies françaises au timbre spécial en usage dans lesdites colonies, ils sont passibles des suppléments de droits (principal et décimes) exigibles d'après la législation de la métropole.

Dans la pratique commerciale, et par suite de ses besoins, il est souvent rédigé plus de quatre originaux des connaissements. Chacun de ces connaissements supplémentaires est soumis au droit applicable aux connaissements originaux, c'est-à-dire au droit de 50 centimes en principal.

Le connaissement entre les mains du capitaine doit énoncer le nombre d'originaux qui en a été fait, le connaissement, comme acte sous seing privé, ne pouvant être valable, aux termes de l'art. 1325 du Code civil, qu'à cette condition. Ainsi fixé sur le nombre des connaissements supplémentaires, le service aura à veiller à ce que le connaissement du capitaine soit revêtu, indépendamment du timbre à 2 fr. ou à 1 fr., suivant la nature dudit connaissement, d'autant de timbres mobiles à 50 centimes qu'il en aura été fait d'originaux excédant quatre. Dans le cas où la mention prescrite par l'art. 1325 précité serait omise, cette omission donnerait ouverture à la perception d'un triple droit, soit 7 fr. 20 cent., décimes compris, s'il s'agit d'un connaissement au long cours ou au grand cabotage, ou 3 fr. 60 cent., pour une expédition au petit cabotage.

Comme sanction des dispositions qui précèdent, l'article 6 a établi trois amendes de 50 fr. chacune en principal, l'une contre le chargeur, la seconde contre le capitaine et la troisième contre l'armateur ou l'expéditeur du navire. Ces amendes sont personnelles. Il n'est prononcé aucune amende contre le consignataire de la marchandise, qui, en général, ne participe pas à la rédaction du connaissement.

L'art. 7 frappe d'une amende, également de 50 fr., chaque contravention du décret du 30 avril 1872, portant règlement d'administration publique pour les conditions d'application de la loi.

Ces diverses contraventions peuvent être constatées par les employés des douanes.

---

(1) Pour Monaco, *V.* n° 244 S.

(2) A l'égard des navires devant faire plusieurs escales, le droit de timbre est perçu au port de première arrivée sur tous les connaissements de la cargaison. (*Circ. man. du 21 août 1872.*)

Un quart des sommes recouvrées est attribué aux rédacteurs des procès-verbaux, qui doivent être rapportés *à la requête du Directeur général de l'enregistrement, des domaines et du timbre,* et remis aux receveurs de cette administration, lesquels sont chargés de faire les diligences et poursuites nécessaires pour le recouvrement des amendes et frais.

La loi du 30 mars 1872 (art. 6, §§ 4 et 5) impose aux capitaines des navires français et étrangers l'obligation d'exhiber aux agents des douanes, à l'entrée comme à la sortie, les connaissements dont ils sont porteurs, sous peine d'une amende de 100 à 600 fr.

Le service ne doit pas perdre de vue que, par suite de cette obligation, tous les connaissements font actuellement partie intégrante des papiers de bord qui doivent lui être produits, soit à l'entrée, à l'appui des manifestes, soit pour expédier un navire au moment de sa sortie. Cette règle de droit étroit ne comporte aucune exception, les connaissements devant *toujours* être représentés à la douane. Seulement, afin de ne pas apporter d'entraves aux opérations des steamers ou navires à vapeur qui ne font dans nos ports qu'une très-courte escale, il est admis que le service n'exige pas des capitaines de ces navires l'exhibition des connaissements au moment même de l'arrivée ou du départ. Mais alors les consignataires des navires doivent s'engager par soumission cautionnée à produire les connaissements au bureau d'entrée en même temps que la déclaration en détail, et au bureau de sortie, dans les vingt-quatre heures qui suivront le départ du navire. On relatera sur les manifestes les conditions et la date des soumissions souscrites.

Il est à remarquer que le refus d'exhibition des connaissements constitue non pas une contravention aux lois et règlements de l'administration de l'enregistrement, des domaines et du timbre, mais bien une contravention aux lois et règlements de douane. Cette contravention doit par conséquent être poursuivie et jugée comme toutes les autres contraventions civiles constatées par la douane et pour son compte.

Des deux modes adoptés pour la perception du droit de timbre afférent aux originaux obligatoires des connaissements créés en France (timbrage à l'extraordinaire ou apposition de timbre mobiles spéciaux), le premier doit être généralement employé; mais, dans certains cas exceptionnels, il pourra y être suppléé par l'application pour chaque série de quatre originaux, en ce qui concerne le grand cabotage ou le long cours, soit d'un timbre mobile à 2 fr., soit d'un timbre mobile à 1 fr. et de deux timbres mobiles à 50 cent. On opérera d'une manière analogue pour les connaissements au petit cabotage, dont le droit fixe est de 1 fr. seulement.

Le droit de timbre des connaissements créés en France, en sus du nombre prescrit par le Code de commerce, et celui des connaissements venant de l'étranger peuvent être acquittés au moyen de l'apposition de timbres mobiles. (Art. 4 et 5.)

Les timbres mobiles à 50 centimes, destinés aux originaux supplémentaires des connaissements créés en France, doivent être apposés (art. 2 du réglement) au moment de la rédaction du connaissement.

Quant aux timbres mobiles à 1 fr. (empreinte et estampille) établis pour les connaissements venant de l'étranger, ils seront apposés par les agents des douanes, qui sont chargés de suppléer les receveurs de l'enregistrement. (Art. 3 du réglement).

Lorsque le connaissement destiné au consignataire ne sera pas représenté en même temps que celui du capitaine, l'estampille de contrôle sera remise au capitaine. Cette estampille sera apposée par le consignataire, qui aura à exhiber au service des douanes, lors de la déclaration en détail, son connaissement régulièrement revêtu de ladite estampille.

« Il peut arriver d'autre part (instruction n° 2443 de l'enregistrement) que des » connaissements soient adressés de l'étranger au destinataire ou à un correspon-

» dant résidant dans l'intérieur de la France, afin de permettre la négociation de
» la marchandise. S'il est fait usage de ce connaissement, il doit être timbré à
» 50 centimes en principal, au moyen de l'apposition d'un timbre de dimension de
» cette quotité, soit mobile, soit à l'extraordinaire. Cette apposition n'empêcherait
» pas néanmoins l'application, à l'arrivée du navire, d'un timbre mobile spécial à
» 1 fr. sur l'original du capitaine, car le connaissement dont il est question ci-des-
» sus est distinct de celui du consignataire, à moins que le consignataire ne soit
» lui-même le destinaire de la marchandise. Dans ce cas, qui est fort rare, et si
» l'original du consignataire était représenté dûment timbré, il ne serait perçu que
» 50 centimes sur le connaissement du capitaine ; mais ce connaissement devrait
» être revêtu de deux empreintes (timbre et estampille) du timbre mobile des con-
» naissements. »

Lorsqu'un capitaine venant de l'étranger représentera plus de deux originaux, il
sera dû un droit de 50 centimes pour chaque connaissement supplémentaire.
Ce droit sera perçu par les agents des douanes, qui devront appliquer sur le connaissement du capitaine autant de timbres mobiles à 50 centimes en principal
qu'il y aura de connaissements supplémentaires.

Les suppléments de droit afférents aux connaissements timbrés au timbre spécial de certaines colonies françaises seront perçus distinctement sur chaque connaissement au moyen du visa pour timbre. Lorsque cette formalité aura été remplie par la douane, le produit du droit sera porté aux opérations de trésorerie, à
l'article *Recouvrements pour des tiers*, et versé à la fin du mois à la caisse du receveur de l'enregistrement de la résidence.

Les timbres mobiles dont il pourrait être fait usage pour les quatre originaux obligatoires et les timbres mobiles employés pour les originaux supplémentaires
(empreintes et estampilles) devront être oblitérés lors de la rédaction des connaissements, et au moment même où ils seront collés, soit au moyen de l'apposition
à l'encre noire de la signature du chargeur ou expéditeur et de la date de l'oblitération, soit par l'apposition à l'encre grasse d'une griffe indiquant le nom et la
raison sociale du chargeur ou de l'expéditeur, ainsi que la date de l'oblitération.

Les timbres mobiles placés par le service des douanes sur les connaissements
venant de l'étranger (empreinte et estampille) seront oblitérés, sitôt leur apposition,
au moyen de la griffe R D dont sont pourvus les receveurs des douanes pour l'oblitération de tous les timbres mobiles autres que ceux des récépissés des chemins de
fer. Provisoirement, et en attendant que l'Administration de l'enregistrement ait pu
fournir ces griffes en nombre suffisant, l'oblitération s'effectuera au moyen des cachets à l'encre grasse existant dans chaque bureau et de la signature du receveur.
Dans le cas où, le connaissement du consignataire n'étant pas représenté en même
temps que celui du capitaine, remise est faite à ce dernier de l'estampille de contrôle, c'est le consignataire, et non pas le service, qui doit oblitérer l'estampille par
l'inscription à l'encre noire de sa signature ou d'une griffe à date établie dans les
conditions spécifiées pour l'oblitération des timbres mobiles.

Les receveurs auront à s'approvisionner, au bureau de l'enregistrement dans la
circonscription duquel ils sont placés, du nombre nécessaire de timbres mobiles
spéciaux. Ces timbres seront comptés comme valeurs en caisse. Il sera alloué aux
receveurs sur cet approvisionnement une remise de 2 1/2 p. 0/0. (*Circ. du 23 mai 1872,
nº 1164.*)

Les droits spéciaux (1) sur les récépissés de chemins de fer sont, à l'arrivée de

---

(1) Droit de timbre spécial de 35 c. pour les transports en grande vitesse, et de
60 c. pour les autres ; plus, dans tous les cas, 10 c. pour reçu ou décharge,
V. nº 157 S.

l'étranger, exigés par le service des douanes, en apposant des timbres mobiles (*Circ. man. du 18 avril* 1872), qu'il s'agisse de récépissés distincts, ou, par chaque destinataire, d'un bordereau détaillé. (*Circ. man. du 1er juin* 1872.)

279—1017 *bis.* Une taxe de fabrication intérieure atteint les papiers ou cartons de toute sorte (1), la racine de chicorée ou chicorée moulue et les allumettes chimiques. (*Loi du 4 septembre* 1871; *Circ. des 7 et 8 décembre suivant, nos* 1148 *et* 1149.)

Cette taxe, applicable aux produits de l'espèce importés autrement que pour le transit (2) ou l'entrepôt (*même loi*), est perçue par la douane pour le compte de la régie, des contributions indirectes. V. no 785, 19e §. (*Circ. nos* 1148 *et* 1149.)

L'importation et l'exportation des papiers ou cartons sont restreintes aux bureaux de transit des marchandises non prohibées. (*Décret du 26 juillet* 1872; *Circ. du 22 août suivant, no* 1173.)

Les exportations s'effectuent sous l'un de ces régimes :

Avec suspension de la taxe de fabrication, en vertu d'acquits-à-caution de la régie, revêtus par le service des douanes d'un visa de sortie (3);

Ou après paiement de cette taxe, cas motivant, de la part de la douane, un certificat spécial d'exportation, extrait d'un registre à souche, constatant l'espèce et les quantités sorties (4). (*Décret du 28 novembre* 1871, *art.* 10 *et* 18; *Circ. no* 1148; *et Circ. auto. du 15 février* 1872) et revêtu du cachet du bureau. (*Circ. lith. du 7 mai* 1872.)

Dans ce dernier cas, il ne suffit pas, à la sortie, de viser les laissez-passer dans les rayons. (*Circ. auto. du 20 novembre* 1872.)

On n'a pas à accorder de certificat spécial de sortie à l'égard des objets exempts de la taxe de fabrication intérieure. (*Circ. auto. du 8 mai* 1872.)

Il est défendu de délivrer aux intéressés un duplicata de certificats de sortie qui auraient été égarés. (*Circ. lith. du 7 mai* 1872.)

Les papiers expédiés sous plombage de la Régie sont dispensés de la visite à la sortie. (*Circ. lith. du 17 juin* 1872.)

Contentieux.

280—1110. Dernier §. L'amnistie judiciaire n'est pas applicable aux sommes versées ou consignées par suite d'une soumission ou transaction, définitive par rapport au débiteur. (*Circ. man. du 24 août* 1869.)

---

(1) Circ. du 7 décembre 1871, no 1148; Circ. auto. des 15 février, 10 avril, 8 et 10 mai, 4 septembre et 24 décembre 1872, et 4 février 1873.

Les journaux étrangers sont affranchis de cette taxe. (*Circ. auto. du 4 avril* 1872.)

(2) Il y a plombage des colis; et les acquits-à-caution de transit doivent garantir, outre les pénalités de douane, celles déterminées par la loi du 4 septembre 1871. (*Circ. no* 1148.)

(3) Les acquits-à-caution sont déchargés par les bureaux de douane de sortie. Les expéditions que les déclarants n'auront pas retirées, après régularisation, pour les transmettre aux soumissionnaires, seront renvoyées à la fin de chaque mois, par la voie hiérarchique, aux directeurs de la Régie des bureaux d'où elles émanent. (*Circ. lith. du 15 janvier* 1873.)

(4) Le certificat spécial d'exportation est passible du timbre mobile de 10 c. V. no 157 S; ce timbre est appliqué sur la souche. (*Circ. auto. du 15 février* 1872.)

281—1111. Au sujet des contraventions ayant pour but d'éluder les impôts, et lorsque l'intention de fraude est bien caractérisée, les transactions doivent stipuler, à titre d'amende, au moins une fois, le droit compromis, outre l'acquittement des taxes. (*Déc. min.; Circ. man. du 20 juin* 1872.)

282—1115. 3ᵉ et 4ᵉ §§. Le droit est de 1 fr. 50. (*Loi du 28 février* 1872, art. 4.)

283—1137. 3ᵉ §. La retenue des 25 p. 0/0 pour les pensions sur la part des chefs reversée à la masse, lorsque, parmi les parties prenantes, se trouvent des saisissants non passibles de ce prélèvement, est exercée sur la somme brute représentant la part des chefs, et le net de cette part est alloué aux ayant-droit au prorata de leurs droits respectifs. (*Circ. auto. du 5 avril* 1872.)

144 S. 2ᵉ ligne, *ajouter :* et du prix du timbre de la quittance remise au contrevenant. (*Circ. de la compt. du 29 décembre* 1872, *n°* 102.)

284—1162. En matière de transport sous le régime du transit international, quand ils ont constaté une infraction pour bris de panneaux ou rupture de plombage en cours de route, les préposés des brigades d'escorte ont droit à la moitié du produit net des amendes, l'autre moitié étant allouée au bureau de destination. Les officiers ou sous-officiers de ces brigades sont traités comme les chefs des postes de ligne. Pour la répartition, *V.* n° 147 S, note. (*Circ. lith. du 25 janvier* 1873.)

NOTICE.

285. P. 537, 7ᵉ §. Les agents de la douane anglaise supportent, sur leur traitement, une retenue destinée à pourvoir à la pension de retraite qui leur est accordée d'après les proportions suivantes : de 10 ans à 15 ans de services, 4/12ᵉˢ du traitement; de 15 à 20, 5/12ᵉˢ; de 20 à 25, 6/12ᵉˢ; de 30 à 35, 8/12ᵉˢ; de 35 à 40, 9/12ᵉˢ; de 40 à 45, 10/12ᵉˢ; de 45 à 50, 11/12ᵉˢ; après 50 ans de services, la totalité du traitement.

TYP. OBERTHUR ET FILS, A RENNES.

Maison à Paris, rue des Blancs-Manteaux, 35.

www.ingramcontent.com/pod-product-compliance
Lightning Source LLC
Chambersburg PA
CBHW060748280326
41934CB00010B/2401